Coordenação editorial
Elaine Miranda

EDUCAÇÃO INCLUSIVA
&
A PARCERIA DA FAMÍLIA

© LITERARE BOOKS INTERNATIONAL LTDA, 2021.
Todos os direitos desta edição são reservados à Literare Books International Ltda.

PRESIDENTE
Mauricio Sita

VICE-PRESIDENTE
Alessandra Ksenhuck

DIRETORA EXECUTIVA
Julyana Rosa

DIRETORA DE PROJETOS
Gleide Santos

RELACIONAMENTO COM O CLIENTE
Claudia Pires

EDITOR
Enrico Giglio de Oliveira

PREPARADOR
Sérgio Ricardo

REVISORA
Ana Mendes

CAPA
Gabriel Uchima

DESIGNER EDITORIAL
Victor Prado

IMPRESSÃO
Gráfica Paym

Dados Internacionais de Catalogação na Publicação (CIP)
(eDOC BRASIL, Belo Horizonte/MG)

E24   Educação inclusiva e a parceria da família / Coordenação Elaine
        Miranda. – São Paulo, SP: Literare Books International, 2021.
        216 p. : il. ; 14 x 21 cm

        Inclui bibliografia
        ISBN 978-65-5922-051-9

        1. Educação inclusiva. 2. Prática de ensino. 3. Professores –
    Formação. I. Miranda, Elaine.
                                  CDD 371.72

Elaborado por Maurício Amormino Júnior – CRB6/2422

LITERARE BOOKS INTERNATIONAL LTDA.
Rua Antônio Augusto Covello, 472
Vila Mariana — São Paulo, SP. CEP 01550-060
+55 11 2659-0968 | www.literarebooks.com.br
contato@literarebooks.com.br

SUMÁRIO

7   AGRADECIMENTOS
Elaine Miranda

9   PREFÁCIO
Elaine Miranda

11   AUTISTA SEVERO TAMBÉM APRENDE
Adelaide Manfre

17   AVALIAÇÃO NEUROPSICOLÓGICA: O AUTOCONHECIMENTO
PARA APROVEITAR O MELHOR DE SI
Andrea Franco de Mello

25   AVALIAÇÃO DO DESENVOLVIMENTO NA PEDIATRIA
Andressa Azevedo Boracini

35   A IMPORTÂNCIA DA INTERVENÇÃO PRECOCE NA INFÂNCIA:
O PAPEL DO MÉDICO FISIATRA
Bruna Mello

43   O PAPEL DO PROFESSOR ESPECIALIZADO NA EDUCAÇÃO INCLUSIVA
Cintia Nogueira

55   AUTISMO E ATIVIDADES FÍSICAS
Daniel Carmo

67   CRITÉRIOS DIAGNÓSTICOS PARA O TRANSTORNO DO ESPECTRO AUTISTA
Deborah Kerches

77   ACOMPANHANTE TERAPÊUTICO ESCOLAR E A PARCERIA DA FAMÍLIA
Elaine Miranda

85   ATRASO DE DESENVOLVIMENTO DE LINGUAGEM
E FATORES CAUSAIS
Fernanda Diniz de Oliveira Campos

93   MULTIVERSO DO ESPECTRO
Fernanda Renata Moro Martins de Sá

103   A IMPORTÂNCIA DOS VÍNCULOS PARENTAIS NO
DESENVOLVIMENTO DE CRIANÇAS COM SÍNDROME DE DOWN
Jacineide Cintra

109   A MELHOR ESCOLHA: INTERVENÇÃO BASEADA EM
EVIDÊNCIA CIENTÍFICA E BUSCA POR PROFISSIONAIS CAPACITADOS
Josiane Magrin

117   MÃE CORAGEM
Kátia Miranda

125   OPTEI PELA CIÊNCIA NA INTERVENÇÃO DOS MEUS FILHOS
Liliane Senhorini Cerrato

133   PRÁTICAS BASEADAS EM EVIDÊNCIAS NAS POLÍTICAS PÚBLICAS:
UM IMPERATIVO DA RACIONALIDADE DO ESTADO
Lucelmo Lacerda

141   TEA E FUNÇÕES EXECUTIVAS
Luciana Xavier

149   A IMPORTÂNCIA DO PEI NA INCLUSÃO ESCOLAR
Márcia Ribeiro

159   AMPLIANDO O OLHAR PARA A SELETIVIDADE ALIMENTAR NO AUTISMO
Mariana Marqueze Kastropil

167   TERAPIA OCUPACIONAL E ABA – INTERSECÇÕES
Mariella Zuccon

175   O PAPEL DO AFETO NO DESENVOLVIMENTO
E NO EMPODERAMENTO
Monaliza Nabor e Grace Mascarenhas

183   A IMPORTÂNCIA DA ANÁLISE DO COMPORTAMENTO APLICADA
NO CONTEXTO ESCOLAR PARA UMA INCLUSÃO EFICAZ
Nataly Oliveira S. Correia

191   A IMPORTÂNCIA DA EDUCAÇÃO FÍSICA INCLUSIVA
NO DESENVOLVIMENTO DA CRIANÇA
Poliana Ferreira

199   DIREITO DOS AUTISTAS À EDUCAÇÃO INCLUSIVA
Romeu Sá Barrêto

207   A INCLUSÃO NO PROCESSO DE ESCOLARIZAÇÃO
SOB A PERSPECTIVA DA EDUCOMUNICAÇÃO
Suéller Costa

AGRADECIMENTOS

Agradecimentos a Deus, por me dar a inspiração em desenvolver este projeto. Aos meus coautores, que aceitaram o desafio de escrever. A vocês, todo meu carinho e gratidão.

Agradecimento aos meus filhos, Gustavo e Henrique, por me incentivarem na busca dos meus sonhos; aos meus pais, por acreditarem em mim; e a cada paciente e aluno que passou pela minha vida, me ensinando a ter um olhar diferenciado e me transformando em um ser humano melhor. Obrigada aos pais, pela confiança e parceria no meu trabalho.

Vamos deixar um legado para as próximas gerações. Inúmeras famílias serão beneficiadas com esta obra, que fala de vida real. Nosso maior objetivo é promover uma verdadeira inclusão social e difundir as Práticas Baseadas em Evidência Científica na Educação.

Elaine Miranda

PREFÁCIO

O livro é feito de AMOR E CIÊNCIA

A partir da minha experiência como professora e gestora escolar pude perceber a urgência em proporcionar uma inclusão de qualidade aos nossos alunos. É necessário tirar toda romantização por trás de uma inclusão de fachada, pois não existe inclusão sem capacitação de professores. O objetivo deste livro é ressaltar a importância de uma intervenção com práticas baseadas em evidência científica na educação. Nele, você vai poder encontrar diversos profissionais que fazem a diferença na vida de seus pacientes e alunos, e a ilustre participação dos pais, que compartilham os motivos pelos quais optaram pela ciência na intervenção de seus filhos.

Família x Escola x Terapeutas: parceria que dá certo!

Gratidão aos meus coautores.

Deus une propósitos!

Elaine Miranda

1

AUTISTA SEVERO TAMBÉM APRENDE

Este capítulo mostra a missão de uma mãe de um autista severo com o aprendizado dele.

ADELAIDE MANFRE

Adelaide Manfre

Mãe do Júlio César, autista severo. Ativista da causa do autismo. Presidente da associação FASA. Bacharel em Teologia. Curso de inclusão escolar de estudantes com transtorno do espectro autista: estratégias de Análise do Comportamento Aplicada – UFABC; Curso de Treinamento de Pais – Análise do Comportamento Aplicada – Unifesp; pós-graduanda em ABA (Análise do Comportamento Aplicada em Autismo), e DI na UFSCar.

Contatos
adelaidemanfre@gmail.com
Facebook: @AutistaSeveroTambemAprende /
@AdelaideManfreHipolito

Ao recebermos um diagnóstico de autismo, muitas vezes acreditamos que seja um autista leve. Talvez seja um consolo ou até mesmo uma negação pela qual nós, pais de uma criança autista, passamos. Acreditamos que, por ser autismo "leve", acordaremos a qualquer momento do pesadelo do diagnóstico.

Com o passar do tempo, fazemos comparações com outras crianças da mesma idade e percebemos que o autismo que achávamos ser leve na verdade é severo.

Para se saber o grau de autismo são avaliados: grau de dependência nas atividades da vida diária (AVD); e comorbidades associadas, que são agravos relevantes e derivados de variados fatores causais, podendo ser bastante debilitantes e desafiadores.

Sou Adelaide, somente um lado de uma complexa rede de suporte para um lindo menino. Júlio é esperto, rápido, engraçado, tem senso de humor, gosta muito de cutucar sua irmã mais nova, tem medo de cachorro, aprendeu a andar de caiaque nas férias e também tem autismo. Júlio faz parte dos 30% de crianças, adolescentes e adultos com autismo que não desenvolvem linguagem verbal funcional. Podemos também chamar essas crianças e jovens de não verbais, minimamente verbais, ou severos. Aprendemos, desde sempre, que a capacidade de se expressar não quer dizer o que a criança ou jovem realmente pensa, sente ou processa, então preferimos não adotar esse termo, severo. Decidimos isso por não termos acesso a essa severidade, só ao que o Júlio consegue expressar. Júlio e as outras crianças que conhecemos possuem corpos desregulados, que não obedecem a um planejamento motor esperado e que, muitas vezes, não sabem o seu lugar no espaço (propriocepção) e, além disso, não usam a linguagem verbal tradicional para se comunicar. No entanto, são indivíduos com riqueza interna, como todos somos. Como já diria um importante slogan de pessoas com diversas deficiências que usam maneiras alternativas de comunicação, "não conseguir falar não significa que não tenho nada a dizer". Então, imagine a frustração de não conseguir fazer uma pergunta, um comentário, corrigir algo que alguém fala sobre você, não conseguir fazer um pedido, ou responder um simples sim ou não. Em muitas pessoas, tal adversidade geraria diversos comportamentos compensatórios, vários deles não funcionais. Inúmeras vezes seriam agressivos, como costumamos chamar alguns comportamentos que observamos em nossas crianças sem linguagem verbal.

O trabalho desenvolvido com o Júlio vai ao encontro do tema proposto pela ONU para o dia Mundial da Conscientização do Autismo de 2019. "Tecnologias assistidas, participação ativa". Muitas pessoas com transtorno do espectro do autismo (TEA) apresentam necessidades complexas para comunicação e socialização. A utilização do equipamento (tablet ou iPad) facilita essa interação por meio da comunicação e da prática no contexto interativo dessa função comunicativa.

De acordo com a ABA, focamos no trabalho com a aprendizagem sem erro. Para inserirmos a CAA (Comunicação Aumentativa e Alternativa), damos todo o suporte necessário para o Julinho. Como dica gestual, apontamos a figura que ele deve apertar no tablet ou no vocalizador. Dessa forma, não causamos sua desmotivação ou perda de interesse nos aparelhos.

O desenvolvimento de Júlio por meio da ABA

O plano de tratamento de Júlio envolve uma equipe multidisciplinar bastante complexa de profissionais: médico, psicóloga, fonoaudióloga, terapeuta ocupacional, fisioterapeuta e a família. Trabalhamos em conjunto para que possamos ajudá-lo a adquirir o maior nível de independência possível e melhorar sua qualidade de vida.

Por causa da severidade da síndrome, seu desenvolvimento é lento, porém progressivo. As últimas avaliações realizadas em seu desenvolvimento em algumas habilidades como brincar e na socialização mostraram uma criança de 2 anos, e em outras habilidades, como cuidado pessoal e doméstico, uma criança típica de 7 anos.

Todo o plano ABA contém objetivos de curto, médio e longo prazos, e o plano do Julinho não é diferente. Eu e a equipe terapêutica do Júlio traçamos um plano com foco maior nas habilidades das AVDs. Alguém pode estar se perguntando: traçaram um trabalho na habilidade que ele tem menor dificuldade? Exatamente, acreditamos que é mais prazeroso para ele aprender aquela habilidade da qual já tem algum domínio e vamos inserindo as outras habilidades de forma sutil e sem estresse. Como fazemos isso?

Após elaborarmos o treino da habilidade de cuidado pessoal, por exemplo, inserimos outros treinos discretamente, como o treino de imitação, de se manter sentado por alguns minutos, de jogar bola, tudo de uma forma bem natural e divertida, e alternamos para não ser cansativo e chato para o Julinho. Precisamos deixá-lo sempre motivado para os treinos.

O treino parental

Treinamento parental (TP) é um conjunto de orientações realizadas pelo terapeuta em sessões com os pais, responsáveis ou cuidadores do paciente em tratamento. Essas sessões podem ser focadas em comportamento, comunicação, psicoeducação ou em fatores específicos, como problemas relacionados ao sono, alimentação ou rotinas individuais, por exemplo. A eficácia desse tipo de metodologia está descrita na literatura com resultados positivos, especialmente para pacientes do TEA.

O treino parental foi um divisor de águas em nossa família. Muitos pais geralmente recebem pouco ou nenhum preparo quando se trata da educação dos filhos, utilizando conhecimentos adotados pela cultura que vivem ou aprenderam com seus pais, produzindo uma aprendizagem de tentativa e erro.

O empoderamento das famílias de pessoas com TEA tem como objetivo completar o trabalho clínico a fim de proporcionar uma generalização.

Como são feitos os treinos parentais na nossa família

A equipe e nossa família definem a primeira habilidade que deve ser treinada para aplicarmos no Julinho. Em seguida, a treinadora dá o exemplo aplicando junto ao Julinho. Observar o profissional em ação é essencial, não somente ouvir ele falar sobre a estratégia. O próximo passo é aplicarmos a estratégia, pois assim sentimos as possibilidades e dificuldades de se colocar nesse papel. Por último, recebemos um retorno sobre como foi essa aplicação. Este é o momento em que a treinadora reconhece nossas habilidades e entende como podemos melhorar.

Outro aspecto importante do treinamento de pais é que o profissional também oferece exemplos de como eles podem treinar a estratégia para o desenvolvimento das diferentes habilidades dentro de casa e em outros ambientes. Isso melhorou muito nossa relação familiar.

Na minha família não existe nenhum especialista em autismo, porém todos somos especialistas no autismo do Julinho.

Ainda, a ABA não é acessível a todos, porém acredito que o treino parental seja o caminho para essa acessibilidade.

Infelizmente, já estivemos nas mãos de profissionais desqualificados que culpabilizavam Julinho por não conseguir se desenvolver. Vários subestimaram sua inteligência e sua capacidade por ser um autista severo. Muitos não respeitaram suas vontades por ser um autista não verbal.

Ser um analista do comportamento vai além da modelação de comportamento, mostra a sensibilidade HUMANA!

Nós, pais ou terapeutas, jamais podemos nos esquecer de que toda pessoa, independentemente de sua condição, é capaz de se desenvolver, seja autista leve, moderado ou severo. Basta acreditar!

2

AVALIAÇÃO NEUROPSICOLÓGICA: O AUTOCONHECIMENTO PARA APROVEITAR O MELHOR DE SI

Neste capítulo, os pais encontrarão informações sobre intervenção precoce e a avaliação neuropsicológica aliada ao desenvolvimento global da criança.

ANDREA FRANCO DE MELLO

Andrea Franco de Mello

Graduada em psicologia pela FMU (2015) em São Paulo, possui especialização em Saúde Mental pela Santa Casa de São Paulo (2017-2018) e em Neuropsicologia pelo Hospital Albert Einstein em São Paulo (2018-2019). Associada à Sociedade Brasileira de Neuropsicologia. Voluntária na Unifesp/Psiquiatria Infantil – Programa de atendimento de Bebês com sinais de risco em saúde mental (2016-2018). Capacitada para Identificação de Sinais de Risco para o Autismo/instrumento PREAUT (Pré-Autismo) e IRDI (Indicadores de Risco para o desenvolvimento Infantil). Certificada pela Bayley Brasil para o uso do instrumento de avaliação do desenvolvimento infantil – Bayley – Escalas de Desenvolvimento do bebê e da criança pequena. Certificação internacional DIR 101: An Introduction to DIR® and DIRFloortime® (2019). Raciocínio Clínico na Avaliação Neuropsicológica Infantil/Nepneuro – Núcleo de Ensino e Pesquisa em Neurociências (2020). Curso de Integração Sensorial pelo CBI of Miami – Child Behavior Institute (2019).

Contatos
www.andreamellopsicologia.com.br
contato@andreamellopsicologia.com.br
Instagram: andreamellopsicologia
11 98335-6086

*Precisamos olhar para a criança como uma unidade
integrada incluindo linguagem, cognição,
planejamento motor, afetividade.*

Dr. Stanley Greenspan

A síndrome de Down (SD) é a causa genética mais comum de deficiência intelectual, afetando uma em cada 800 crianças. Ela provoca diversas anormalidades estruturais e funcionais em seus portadores: o atraso no desenvolvimento neuropsicomotor, na linguagem e na memória são as características mais recorrentes entre os pacientes afetados, resultando em consequências no processo de aprendizagem. O ponto forte desses portadores são as aptidões visuoespaciais. Ou seja, as que estão relacionadas à percepção espacial, como direção, orientação, localização e distância. A integração dessas competências com as habilidades motoras finas faz com que a criança brinque com jogo de encaixe, leve a comida à boca, monte quebra-cabeças, aprenda a escrever e amarre os cadarços dos sapatos, que são tarefas esperadas para a criança durante a infância.

Todos esses aspectos formam um padrão de alterações e capacidades bem característico da síndrome de Down, conhecido como o "fenótipo neuropsicológico".

A neuropsicologia infantil tem por finalidade compreender a relação entre o funcionamento neurológico e psicológico das funções neuropsicológicas desde o início do ciclo de vida até a adolescência. Seu objetivo é identificar o perfil cognitivo da criança para conhecer melhor suas habilidades e dificuldades, além do impacto dos *déficits* em sua funcionalidade.

Com base nos conhecimentos do fenótipo neuropsicológico da síndrome de Down, é possível desenvolver intervenções mais assertivas e eficazes. Sabemos que o desenvolvimento dessas crianças é mais lento e deve ser respeitado quanto ao seu tempo de aprendizagem. A família e os cuidadores devem incentivar sempre o aprendizado e conquistas diárias.

A intervenção precoce é fundamental para que os efeitos em longo prazo no atraso no desenvolvimento global sejam minimizados.

Os estudos sobre o fenótipo neuropsicológico das crianças portadoras da síndrome de Down nos ajudam a entender rapidamente os pontos fortes e as dificuldades, auxiliando na avaliação neuropsicológica.

O desenvolvimento neuropsicológico não depende exclusivamente das alterações cromossômicas, mas do potencial genético e das influências ambientais.

Na literatura, encontramos estudos relatando que crianças com síndrome de Down estimuladas precocemente são beneficiadas em seu desenvolvimento global, além de facilitar a sua integração escolar.

A avaliação neuropsicológica em bebês com síndrome de Down é fundamental, pois certamente irá auxiliar na orientação do trabalho de estimulação precoce, um grande aliado ao neurodesenvolvimento das crianças.

Para realizar uma avaliação, é imprescindível a parceria da família. É necessário conhecer as expectativas dos pais perante o desenvolvimento dessas crianças, além de obter informações sobre o processo gestacional e familiar.

Escala Bayley de 1 a 42 meses

Escala padrão-ouro para avaliação de bebês e crianças pequenas até 3,5 anos (1 a 42 meses) de forma individual com foco no desenvolvimento em cinco áreas distintas: linguagem, cognição, motora, socioemocional e o seu comportamento adaptativo no aqui e agora.

A abordagem dessa avaliação envolve os pais e cuidadores. A presença do cuidador da criança é de extrema importância, pois traz informações, relatos aos pais, por meio de uma percepção aprofundada das habilidades e capacidades dos seus filhos. Isso além de obter material para fundamentar objetivamente as orientações quanto às condutas na família e dos próprios cuidadores.

Essa metodologia permite monitorar o desenvolvimento e o progresso da criança durante o período da primeira infância.

Estimulação precoce

São programas construídos com a finalidade de favorecer o desenvolvimento integral da criança por meio de experiências significativas que influenciam os sentidos, percepção, exploração, autocontrole, descobrimento, o jogo e a expressão, a fim de desenvolver a inteligência com reconhecimento e importância dos vínculos afetivos sólidos e uma personalidade segura.

Os pais e cuidadores apresentam as atividades e seguem o interesse da criança, incentivando e propiciando um ambiente de interação.

Na maioria das propostas de intervenção, a estimulação precoce segue o *feedback* da criança, o qual gera demanda, modifica e constrói suas experiências de acordo com seus interesses e necessidades.

Integração sensorial

Saber como está o processamento sensorial da criança na sua vida cotidiana pode nos ajudar a conhecer sobre o seu desenvolvimento. Ou seja, se está contribuindo ou interferindo em sua vida diária pelos limiares neurobiológicos e respostas comportamentais de autorregulação.

O perfil sensorial desenvolvido por Winnie Dunn nos oferece a oportunidade de conhecer crianças desde o seu nascimento até a adolescência.

Sua metodologia do processamento sensorial por meio de quatro padrões traz informações importantes sobre o perfil da criança.

Podemos ter crianças mais observadoras menos propensas a serem incomodadas pelo que ocorre em volta delas. Já as exploradoras utilizam uma estratégia de autorregulação de forma ativa, gerando novas ideias. Temos também as crianças mais sensíveis, em que a sua estratégia de autorregulação é passiva, e as que esquivam, utilizando a estratégia de autorregulação de forma ativa, necessitando de rotina.

Consideramos o conhecimento do perfil sensorial um facilitador, pois auxilia na intervenção para o desenvolvimento, traz melhora na vida cotidiana, além de fornecer informações importantes aos pais.

Qual a proposta de uma avaliação neuropsicológica infantil?

É necessário ponderar alguns princípios ao iniciar uma avaliação neuropsicológica infantil, como entender que são crianças em desenvolvimento e não adultos.

A avaliação irá considerar principalmente as particularidades individuais de cada criança. Serão analisados e considerados para investigação os fatores genéticos, neurobiológicos, de estimulação, socioambientais, educacionais e familiar.

No Brasil, ainda existe a cultura, resistência e desinformação que impedem que os pais procurem ajuda precocemente, ou seja, antes dos 4 anos de idade. As dificuldades do seu desenvolvimento, na grande maioria das vezes, trazem um desequilíbrio emocional para a criança e, também, para as famílias, dificultando não só o desenvolvimento, mas também a qualidade de vida de todos durante um longo período.

Os primeiros anos de vida são importantes a todas as crianças, especialmente àquelas que desde muito cedo demonstram certas dificuldades em seu desenvolvimento. O desenvolvimento infantil é um processo dinâmico no que se diz a respeito à aquisição, à construção e à interação de novas habilidades. Estas são decorrentes da remodelação cerebral conhecida como neuroplasticidade.

É na primeira infância que a neuroplasticidade possui maior capacidade de transformação do cérebro por meio das atividades e das experiências. Uma simples atividade de andar no parque pode despertar na criança interesse e disposição para interagir e conhecer o novo ambiente.

O principal objetivo de uma avaliação neuropsicológica em crianças na primeira infância e pré-escolares é compreender o seu desenvolvimento no aqui e agora. Temos marcos estabelecidos para o desenvolvimento infantil e para a maturação cerebral, e essa avaliação auxilia na compreensão desse desenvolvimento.

Podemos reconhecer suas dificuldades e suas facilidades. Isso não significa que será para "sempre", mas sim que nesse momento é preciso uma equipe de multiprofissionais a fim de estimular as áreas que demonstram atraso.

O neurodesenvolvimento agrega o conceito de aprendizagem associado a aquisições de habilidades frente à circunstância cultural e socioemocional. É preciso acompanhar e respeitar as etapas de maturação cerebral na primeira infância. Por isso, há marcos do desenvolvimento para que cada etapa seja respeitada e a criança não seja "cobrada" a fazer o que não é o esperado para sua idade.

Percebemos que os sintomas das crianças excessivamente estimuladas em fase de pouca maturação cerebral compreendem estados de irritabilidade, impulsividade, crises de birra, alteração no sono-vigília e dificuldades na cognição (aprendizagem, atenção, memória, linguagem e raciocínio).

A avaliação neuropsicológica ajuda a entender a criança quanto ao porquê de acontecerem certas dificuldades nesse momento, além de compreender o que está acontecendo com o seu comportamento, seja em seu ambiente social ou no escolar.

O diferencial na condução desse procedimento está na compreensão do envolvimento de múltiplos fatores que atuam em conjunto em distintos perfis neuropsicológicos e quadros clínicos. Cada caso tem suas particularidades e desafios únicos.

A neuropsicologia é uma área de especialidade em psicologia cujos profissionais têm experiência especial em determinar se o comportamento de um indivíduo é resultado de lesão ou doença cerebral ou de atraso no desenvolvimento. – Ida Sue Baron, PhD, ABPP.

Cada criança tem sua própria personalidade, gostos e interesses. A construção da sua personalidade e da sua autoestima é um processo constante de interação com os seus pais, cuidadores e pares. O desenvolvimento de uma criança inteligente e feliz depende da variedade de estímulos e qualidade de interação entre ela e seus pais. A sua vitalidade e curiosidade a descobrem e a constroem com seus movimentos, expressões, emoções, afetos e pensamentos, por meio dos seus interesses e potencialidades.

Referências

BAYLEY, Nancy. *Escalas de desenvolvimento do bebê e da criança pequena*. 3. ed. São Paulo: Pearson Clinical Brasil, 2018.

DIAS, Natália Martins; SEABRA, Alessandra Gotuzzo. *Neuropsicologia com pré-escolares*: avaliação e intervenção. São Paulo: Pearson Clinical Brasil, 2018. (Coleção Neuropsicologia na Prática Clínica.)

DUNN, W. *Perfil sensorial 2*: manual do usuário/Winnie. São Paulo: Pearson Clinical Brasil, 2017.

FREIRE, R. C. L.; DUARTE, N. S.; HAZIN, I. Fenótipo neuropsicológico de crianças com síndrome de Down. *Psicologia em Revista*. Belo Horizonte, v. 18, n. 3, p. 354-372, dez. 2012.

GRUPO CULTURAL. *Estimulação precoce*: inteligência emocional e cognitiva. São Paulo. Ed. Vergara Brasil.

SCHAWARTZMAN, J. S. (org.). *Síndrome de Down*. São Paulo: Memnon, 2003.

TISSER, Luciana (org.). *Avaliação neuropsicológica infantil*. Novo Hamburgo: Sinopsys, 2017.

3

AVALIAÇÃO DO DESENVOLVIMENTO NA PEDIATRIA

Neste capítulo, o desenvolvimento infantil será abordado desde a importância da avaliação e da equipe multidisciplinar até a definição e detecção de atrasos. Aos profissionais, destaco a relevância de escutar os familiares e cuidadores. Aos familiares, deixo uma mensagem: "incluir não é pedir que eu me adapte, é me aceitar como eu sou."

ANDRESSA AZEVEDO BORACINI

Andressa Azevedo Boracini

Médica graduada pela Universidade de Taubaté, com residência médica em pediatria pelo Hospital Infantil Cândido Fontoura e oncologia pediátrica pela Unifesp/GRAAC; membro da Sociedade Brasileira de Pediatria e pós-graduanda em nutrição materno-infantil. Atua em consultório pediátrico visando à humanização e à individualização do atendimento. Seu diferencial é cuidar da criança e da família em conjunto com uma equipe multidisciplinar.

Contatos
linktr.ee/draandressaazevedo
draandressamazevedo@gmail.com
Instagram: @draandressaazevedo
Facebook: https://www.facebook.com/draandressaazevedo

Nas consultas pediátricas de rotina dos bebês e das crianças, observo diariamente a preocupação dos pais e familiares em relação ao desenvolvimento neuropsicomotor. São frequentes as perguntas: "Quando meu filho vai andar? Quando meu filho vai falar? Existe um limite para alcançar esses marcos do desenvolvimento? Se meu filho apresentar algum atraso, como proceder?". Antes de tudo, vamos entender o que é desenvolvimento. Conceituar o que é o desenvolvimento não é tão simples e existem várias definições, dependendo do referencial teórico que se queira adotar. Segundo o pediatra Marcondes et al., o desenvolvimento é o aumento da capacidade do indivíduo de realizar funções cada vez mais complexas. No entanto, para mim a melhor definição de desenvolvimento é a referida pela Organização Pan-Americana de Saúde, que conceitua o termo como: "desenvolvimento infantil é um processo que vai desde a concepção, envolvendo vários aspectos, indo desde o crescimento físico, passando pela maturação neurológica, comportamental, cognitiva, social e afetiva da criança. Tem como produto tornar a criança competente para responder às suas necessidades e às do seu meio, considerando seu contexto de vida."

O período da gestação e os primeiros dois anos de vida, os conhecidos "1.000 dias", são muito importantes para o desenvolvimento da criança. Durante a gestação, o desenvolvimento do sistema nervoso central (SNC) é intenso. As principais partes cerebrais são visíveis em 7 semanas de gestação e, a partir de então, o cérebro começará a crescer e a se desenvolver. O ideal é que a mulher inicie os cuidados com alimentação, ambiente, suplementação, entre outros, quando já planeja a gestação, pois a formação do tubo neural se inicia, muitas vezes, antes da mesma "perceber a gestação". Aos nove meses de gestação, o SNC do bebê está finalizado. Após o nascimento, as sinapses se desenvolvem rapidamente e formam a base do funcionamento cognitivo e emocional para o resto da vida. A formação dessas sinapses é influenciada pelas experiências vividas e por estímulos que as crianças recebem nos primeiros anos de vida. Esse processo intenso de sinapses, chamado de neuroplasticidade, é mais acentuado nos dois primeiros anos de vida e uma rede neuronal complexa é formada. Isso contribui para que a criança adquira uma série de habilidades em todas as áreas do desenvolvimento. Nesse período dos primeiros dois anos de vida, além da nutrição adequada, deve-se propiciar um ambiente acolhedor e amoroso para a criança. Assim, ela desenvolve um laço importante com os cuidadores. Esse laço criança-cuidador é fundamental para ela apresentar um maior desenvolvimento em todas as áreas. Em razão dessa grande neuroplasticidade, nesses primeiros anos de vida observamos uma melhor resposta das crianças aos estímulos e às intervenções, se necessárias.

O desenvolvimento infantil é dividido em áreas e todas estão interconectadas, assim como toda habilidade adquirida será usada para habilidades mais complexas. Essas áreas do desenvolvimento são:

1. Desenvolvimento motor: ocorre no sentido craniocaudal, proximodistal e de aquisições simples para mais complexas. Por exemplo, primeiro controla-se a musculatura ocular, depois a da sustentação da cabeça e depois a do tronco, até a criança adquirir a posição ortostática.
2. Desenvolvimento da comunicação: depende da estimulação auditiva, habilidade motora e estrutura fonológica e sintática específica de cada língua. Se a criança tiver alguma alteração em um desses fundamentos, pode apresentar distúrbio da comunicação.
3. Desenvolvimento social/emocional: consiste na reação da criança diante da cultura social do meio em que vive. A aprendizagem social é um elemento fundamental da cognição humana.
4. Desenvolvimento cognitivo: é a capacidade de a criança desenvolver as suas habilidades de pensamento e avaliação. Essas habilidades podem ser simples como, por exemplo, reconhecer cores e formas; e complexas, como conseguir prestar atenção e se concentrar em uma atividade e reconhecer e entender quando uma situação é insegura.
5. Desenvolvimento adaptativo: é uma parte ampla do desenvolvimento, necessária para a realização das atividades diárias. Uma criança ganha habilidade com a idade e a experiência vivenciada. As habilidades adaptativas incluem comer, vestir-se, ir ao banheiro e ter higiene em um grau apropriado para o seu desenvolvimento.

Em toda a consulta pediátrica, o desenvolvimento da criança deve ser avaliado de forma individualizada. A partir dessa avaliação, conseguimos suspeitar e detectar atrasos no DNPM e, assim, iniciar uma intervenção precoce multiprofissional e, com isso, contribuir para que cada criança adquira seu máximo potencial individual.

É fundamental perguntar aos pais e familiares a opinião que possuem em relação ao desenvolvimento da criança realizando perguntas simples: Você tem alguma preocupação em relação ao desenvolvimento do seu filho? O que acha do comportamento do seu filho? Em relação à aprendizagem, considera adequada para a idade do seu filho? Nunca se deve ignorar uma preocupação dos cuidadores, por isso sempre enfatizo a importância de escutar os pais, pois eles conhecem muito melhor o seu próprio filho do que nós. Caso os pais apresentem alguma preocupação e a criança frequente berçários, creches ou escolas, é recomendado também conversar com os professores e educadores, pois eles também têm uma visão global da criança.

A avaliação do desenvolvimento infantil não é tão simples, já que não possui um teste de triagem universal específico a ser adotado. Ao escolher um teste de triagem, ele deve contemplar a avaliação de todos os domínios do desenvolvimento descritos anteriormente. Além disso, o teste de triagem adotado deve ser confiável, validado e com boa sensibilidade e especificidade. São exemplos de testes de triagem: teste de Gessell, o teste de triagem Denver II, M-CHAT-R ou M-CHAT R/F, a escala de desenvolvimento infantil de Baley, o *Albert Infant Motor Scale*, entre outros. Além dos testes de triagem, também deve-se realizar a vigilância do desenvolvimento, pois juntos são capazes de detectar uma em cada seis crianças com deficiência do desenvolvimento.

Na vigilância do desenvolvimento, observamos os marcos de desenvolvimento e os sinais de alerta. Os primeiros são as habilidades e funções que as crianças adquirem dentro da faixa etária esperada. Por exemplo: sorrir, rolar, sentar, dar tchau. Devemos ressaltar que as crianças se desenvolvem em seu próprio ritmo dentro de uma faixa etária para cada habilidade. Já os sinais de alerta levantam a suspeita de anormalidade em uma área ou etapa específica do desenvolvimento, quando surgem em uma idade posterior àquela da aquisição do marco de desenvolvimento relacionado.

Os sinais de alerta são variáveis de acordo com a habilidade e a idade, mas alguns deles independem da idade e, sempre que presentes, a avaliação e a investigação clínicas devem ser iniciadas. Esses sinais de alerta são:

- Forte preocupação dos pais.
- Perda de habilidades adquiridas previamente.
- Ausência de resposta a estímulos sonoros ou visuais.

- Interação precária com pessoas do convívio diário (por exemplo, pais, irmãos, professora).
- Contato visual nulo ou escasso.
- Alteração persistente do humor (por exemplo, irritabilidade, rispidez, apatia e retraimento).
- Diferença acentuada entre os lados do corpo quanto à força, tônus ou movimentos.
- Hipotonia ou hipertonia significativa com prejuízo na aquisição de habilidades motoras.

O desenvolvimento de uma criança é influenciado por fatores biológicos e ambientais, e eventos adversos em qualquer uma dessas áreas podem alterar o desenvolvimento. Devemos estar atentos a algumas condições que apresentam maiores taxas de distúrbios de desenvolvimento e/ou comportamento. Essas condições podem ocorrer no período pré, peri ou pós-natal. Condições que merecem atenção são: erros inatos do metabolismo, síndromes genéticas, malformações congênitas, prematuridade, baixo peso ao nascer, hipóxia cerebral, infecções maternas durante a gestação, exposição intrauterina ao álcool e outras drogas, toxicidade por chumbo, infecções dos bebês e crianças como meningite, encefalite, entre outras. Além dessas condições de risco citadas, existem muitas condições ambientais e sociais que podem contribuir para alterações de desenvolvimento. Entre elas, podemos citar: condições precárias de saúde e educação, exposição ao racismo; crianças passando por estresse tóxico, incluindo exposição a abuso, negligência, doença mental dos pais, uso de drogas ou álcool pelos pais, depressão do cuidador e falta de assistência familiar.

Ocorre "atraso de desenvolvimento" quando uma criança não está desenvolvendo e/ou alcançando habilidades de acordo com o período esperado. Os problemas de desenvolvimento podem apresentar-se de diversas maneiras e ter início em qualquer momento durante o período de desenvolvimento, desde o feto até a infância. As alterações no desenvolvimento podem ser em qualquer área já descrita anteriormente, podendo, muitas vezes, apresentar alterações em mais de um campo citado. As apresentações clínicas e patologias de crianças com problemas de desenvolvimento são muito amplas e, por isso, a investigação diagnóstica e as intervenções e tratamentos devem ser individualizados.

Assim que detectado algum atraso do desenvolvimento, seja pelos pais, cuidadores ou educadores, a criança deve ser avaliada pelo pediatra, como já citado anteriormente. Caso confirmado o atraso, deve-se iniciar a investigação diagnóstica e encaminhar aos especialistas de diversas áreas conforme a necessidade de cada caso. Esses especialistas contribuirão para elucidar o diagnóstico e já iniciar o tratamento: neurologista pediátrico, psiquiatra infantil, fisiatra, terapeuta ocupacional, fonoaudióloga, fisioterapeuta, pedagoga, psicóloga e nutricionista. O diagnóstico de um transtorno de desenvolvimento específico não é necessário para que um encaminhamento de intervenção precoce seja feito, pois sabemos que, quanto mais precocemente iniciarmos os tratamentos e terapias, melhores serão as respostas e a evolução dessa criança, e haverá menor comprometimento no futuro. Vale ressaltar a importância de uma equipe multidisciplinar no acompanhamento dessa criança. Cada profissional atuará na sua expertise, mas em constante comunicação com toda a equipe, buscando uma melhor qualidade de vida para o paciente.

Existem várias patologias que podem cursar com o atraso do DNPM, seja em uma ou em várias áreas do desenvolvimento. Não cabe aqui citar uma a uma, pois não é o intuito deste texto. Porém, cabe ressaltar a preocupação com a avaliação que as crianças estão recebendo, pois as taxas de detecção atuais de transtornos do desenvolvimento são menores do que sua real prevalência. Além disso, uma em cada quatro crianças com idade entre 0 e 5 anos estão em risco moderado ou alto para atraso de desenvolvimento, comportamento ou social. Não possuímos uma porcentagem real da prevalência de crianças com problemas no desenvolvimento. A OMS estima que 10% da população de qualquer país é constituída por pessoas com algum tipo de deficiência.

Além do desafio da avaliação do DNPM e identificação precoce de atrasos no desenvolvimento, essas famílias enfrentam inúmeros outros desafios. São exemplos: realização de todas as terapias necessárias para essa criança com a equipe multidisciplinar – por não autorização pelos planos de saúde, dificuldade em arcar financeiramente com as terapias e depender de um sistema de saúde público que não oferece todas as terapias que essas crianças necessitam; desafios na busca de uma escola que ofereça uma adequada inclusão social para essa criança, e não simplesmente "colocar" a criança em uma sala de aula; desafio de enfrentar preconceito perante a sociedade, o que é inaceitável, mas infelizmente ainda existe; e inúmeros outros desafios que serão relatados em outros capítulos deste livro.

Termino este texto com a certeza de que precisamos de uma melhor avaliação das crianças nas consultas em relação ao DNPM, devendo sempre escutar os pais e suas preocupações. Assim que identificado ou suspeitado qualquer atraso no desenvolvimento, essa criança deve ser avaliada por uma equipe multidisciplinar. Quanto mais precocemente iniciarmos o tratamento e terapias dessa criança, melhor será sua evolução e menor o comprometimento futuro. Precisamos acolher e ajudar essa família, que enfrentará inúmeros desafios. Lembre-se: queremos o melhor para o nosso paciente e o trabalho em equipe é fundamental, pois ninguém trabalha sozinho e juntos podemos proporcionar o melhor tratamento para essa criança.

Referências

CENTERS for Disease Control and Prevention. *CDC's Developmental Milestones.* Disponível em: <https://www.cdc.gov/ncbddd/actearly/milestones/index.html>. Acesso em: 31 de maio de 2021.

CENTERS for Disease Control and Prevention. *Developmental Surveillance Resources for Healthcare Providers.* Disponível em: <https://www.cdc.gov/ncbddd/actearly/hcp/index.html>. Acesso em: 31 de maio de 2021.

CENTERS for Disease Control and Prevention. *Developmental Disabilities.* Disponível em: <https://www.cdc.gov/ncbddd/developmental-disabilities/index.html>. Acesso em: 31 de maio de 2021.

CENTERS for Disease Control and Prevention. *Child Development.* Disponível em: <https://www.cdc.gov/ncbddd/childdevelopment/index.html>. Acesso em: 31 de maio de 2021.

COUNCIL on Children With Disabilities, Section on Developmental Behavioral Pediatrics, Bright Futures Steering Committee and Medical Home Initiatives for Children With Special Needs Project Advisory Committee. Identifying Infants and Young Children With Developmental Disorders in the Medical Home: An Algorithm for Developmental Surveillance and Screening. *Pediatrics,* july 2006, 118 (1) 405-420. Disponível em: <https://doi.org/10.1542/peds.2006-1231>. Acesso em: 31 de maio de 2021.

CUNHA, Antonio Jose Ledo Alves da; LEITE, Álvaro Jorge Madeiro; ALMEIDA, Isabela Saraiva de. The pediatrician's role in the first thousand days of the child: the pursuit of healthy nutrition and development. *J. Pediatr.* (Rio J.), Porto Alegre , v. 91, n. 6, supl. 1, p. S44-S51, Dec. 2015

Documentos Científicos da Sociedade Brasileira de Pediatria (SBP): Caderneta de Saúde da Criança e do Adolescente – instrumentos de vigilância e promoção do Desenvolvimento, novembro de 2017, site SPB, 5 páginas.

Documentos Científicos da Sociedade Brasileira de Pediatria(SBP): Caderneta de Saúde da Criança – instrumento e promoção do desenvolvimento: como avaliar e intervir em crianças, dezembro de 2017, site SPB, 5 páginas.

Documentos Científicos da Sociedade Brasileira de Pediatria (SBP): Caderneta de Saúde da Criança – instrumento de promoção do desenvolvimento, julho de 2018, site SPB, 7 páginas.

Documentos Científicos da Sociedade Brasileira de Pediatria (SBP): Caderneta de Saúde da Criança – instrumento de promoção do desenvolvimento, maio de 2019, site SPB, 6 páginas.

Documentos Científicos da Sociedade Brasileira de Pediatria (SBP): Transtorno do Espectro do Autismo, abril de 2019, site SPB, 6 páginas.

Documentos Científicos da Sociedade Brasileira de Pediatria (SBP): Campanha da Caderneta da Criança – avaliação do desenvolvimento de 18 a 24 meses, junho de 2020, 5 páginas.

DORNELAS, L. F.; DUARTE, N. M. C.; MAGALHÃES, L. C. Atraso do desenvolvimento neuropsicomotor: mapa conceitual, definições, usos e limitações do termo. *Rev. Paul. Pediatr.*, São Paulo, v. 33, n. 1, p. 88-103, mar. 2015. Disponível em: <http://www.scielo.br/scielo.php?script=sci_arttext&pid=S0103-05822015000100088&lng=en&nrm=iso>. Acesso em: 06 de dez. de 2020.

FIGUEIRAS, Amira Consuelo; SOUZA, Isabel Cristina Neves de; RIOS, Viviana Graziela; BENGUIGUI, Yehuda. *Manual para vigilância do desenvolvimento infantil no contexto da AIDPI.* Organização Pan-Americana da Saúde. Washington, D.C.: OPAS, 2005. (Serie OPS/FCH/CA/05.16.P), 54 pg.

GRISI, S. J. F. E.; ESCOBAR, A. M. U.; GOMES, F. M. S. *Desenvolvimento da criança.* Atheneu, 2018.

ROTTA, Newra T; PEDROSO, Fleming S. Desenvolvimento neurológico: avaliação evolutiva. *Revista AMRIGS.* Porto Alegre, 48 (3): 175-179, jul.-set. 2004.

SCHARF, Rebecca J.; SCHARF, Graham J.; STROUSTRUP, Annemarie. Developmental Milestones. *Pediatrics in Review,* january 2016, 37 (1) 25-38. Disponível em: <https://doi.org/10.1542/pir.2014-0103>. Acesso em 31 de maio de 2021.

SOCIEDADE BRASILEIRA DE PEDIATRIA. *Tratado de pediatria.* 4. ed. Manole, 2017.

4

A IMPORTÂNCIA DA INTERVENÇÃO PRECOCE NA INFÂNCIA: O PAPEL DO MÉDICO FISIATRA

Além de caracterizar a atuação da especialidade, este texto destaca a importância do olhar diferenciado do médico fisiatra para os fatores de risco para alterações patológicas na infância e mostra a importância da intervenção precoce em todos os aspectos que envolvem o desenvolvimento infantil de uma forma leve e com foco na Medicina Humanizada.

BRUNA MELLO

Bruna Mello

Médica formada pela Faculdade de Medicina do ABC em 2010. Realizou estágio na Suécia e no Egito durante a Faculdade em programas de intercâmbio médico. Residência em Clínica Médica no Hospital das Clínicas da Faculdade de Medicina da USP em Ribeirão Preto (2011), residência em Medicina Física e Reabilitação na AACD-SP (2012). Título de Especialista em Fisiatria pela Associação Brasileira de Medicina Física e Reabilitação desde 2014 e Pós-graduação em Administração Hospitalar e Sistemas de Saúde pela FGV-SP (2017). Atuou durante 6 anos como médica fisiatra na AACD-SP, onde teve a oportunidade de tratar milhares de pacientes e foi voluntária para atuar no hospital de campanha de Guarulhos, na linha de frente contra a Covid-19 por 5 meses em 2020. Entusiasta da Medicina Humanizada e defensora do tratamento diferenciado, personalizado, fortalecendo a relação médico-paciente e observando todos os aspectos não só do paciente como também do ambiente em que esse paciente está inserido.

Contatos
brunamellofisiatra.com.br
contato@brunamellofisiatra.com.br
Instagram: @doutorabrunamello
11 97447-9499

Pense nas pessoas que transformaram o mundo, pense nos santos, nos sábios, nos que revolucionaram positivamente o nosso mundo. O que eles eram senão personificação do amor?

Prema Swaroopa

Todas as tentativas de simplificar a atuação do médico fisiatra deixam de fora elementos importantes. A resposta só pode ser quilométrica ou incompleta.

A fisiatria aborda a funcionalidade. O ser humano depende de um sistema integrado de elementos físicos, mentais, emocionais e ambientais para seu equilíbrio.

O conceito de integração biopsicossocial é frequentemente negligenciado na prática, mas deveria ser o ponto focal de qualquer abordagem de saúde. A Fisiatria é a especialidade que talvez mais traga para o centro da atenção a integração biopsicossocial do ser humano. Além de se preocupar com a doença, o fisiatra também leva em conta como essa doença impede o indivíduo de ser uma pessoa completa.

É um conceito tão inovador que, mesmo após tantas décadas de existência, ainda é difícil delimitar com clareza o campo de atuação do médico fisiatra. Talvez ainda demore mais algum tempo para definir uma especialidade que atenda desde bebês com meses de vida até pessoas com idade avançada; que faça da prevenção da lombalgia à reabilitação da tetraplegia e que tenha interface com todas as outras especialidades médicas.

A Fisiatria seja talvez a oportunidade de exercer a Medicina de uma forma mais espiritualizada. Ela resgata a pessoa que estava soterrada sob a deficiência e, por isso, demanda uma capacidade de interesse pelo ser humano à frente do profissional.

Embora seja difícil colocar em palavras, o paciente tratado pelo médico fisiatra sabe o que ele faz. Se uma imagem vale mais que mil palavras, experimentar a Fisiatria é mais eficiente que defini-la.

Na atuação do médico fisiatra, trabalhar com a população infantil, mesmo as que têm algum fator de risco para atrasos de desenvolvimento, é entender que, muito mais do que diagnósticos, tratamos seres humanos com características únicas que envolvem não apenas questões etiológicas, mas um contexto biopsicossocial que, muitas vezes, é ainda mais importante do que o diagnóstico.

Os problemas do desenvolvimento da criança foram, durante muitas décadas, abordados a partir de uma perspectiva essencialmente etiológica. Ou seja, a origem da perturbação era entendida como o fator determinante na caracterização da criança.

Afirmar que a criança tem paralisia cerebral, trissomia 21 ou autismo prevalecia sobre a identidade e as características da criança concreta. Apesar da diversidade incontestável e, por vezes enorme, entre as crianças de cada um desses grupos, tendia-se a falar delas como se fossem grupos homogêneos, constituídos por pessoas iguais ou semelhantes. Do ponto de vista da intervenção também, muito frequentemente, as variáveis relativas aos indivíduos concretos tendiam a ser desvalorizadas e a afirmar-se o valor da intervenção padronizada. Muitas vezes se acentua a necessidade de ultrapassar um modelo médico de compreensão das crianças com dificuldades, perturbações do desenvolvimento ou necessidades especiais.

Como médica fisiatra e profunda entusiasta da Medicina Humanizada, penso que é preciso entender que cada paciente tem um contexto no qual está inserido e que esse contexto precisa ser levado em conta para termos sucesso em qualquer tipo de intervenção. Em geral, os pais são os primeiros a notarem algo diferente nos seus filhos. Com as informações adequadas às quais temos acesso hoje em dia, muitos pais já estão sendo os protagonistas em notar algo que não está dentro do esperado. Seguido dos pais, os pediatras tendem a se deparar com bebês com fatores de risco ou já com atrasos significativos de desenvolvimento. O mais importante, nesses casos, é entender a importância do encaminhamento, o mais precoce possível, para avaliação com o médico fisiatra.

A partir do momento em que conhecemos o desenvolvimento neuropsicomotor e o conceito bebê de risco e quais são as alterações que precisam ser encaminhadas para acompanhamento o mais precocemente possível, damos aos pacientes uma chance preciosa de encontrarem, na intervenção precoce, a chave para o sucesso de qualquer intervenção que seja necessária, sempre levando em conta as características únicas de cada indivíduo que será avaliado.

Desenvolvimento neuropsicomotor (DNPM) é a série de mudanças que acontecem no indivíduo em decorrência da maturação do sistema nervoso que levarão à aquisição das habilidades futuras.

Quando o bebê nasce, existe uma série de conexões que ainda não estão muito bem estabelecidas e que serão amadurecidas com o tempo. Pelos estímulos externos que esse bebê recebe, novas conexões vão sendo criadas; e os reflexos (as primeiras movimentações do bebê, ainda involuntárias) vão se tornando ações motoras voluntárias. Essa capacidade que o cérebro tem de desenvolver novas conexões na infância é o que chamamos de neuroplasticidade, tão intensa nos bebês e crianças.

Cada um dos estágios de desenvolvimento é dependente do estágio anterior, ou seja, cada aquisição constrói e cria alicerces para as aquisições futuras. Sendo a natureza perfeita, todo o desenvolvimento do bebê, que acontece de maneira craniocaudal e posteroanterior, ocorre de uma forma que segue uma lógica de maturação. Sendo assim, essa forma de desenvolvimento explica por que primeiro o bebê firma a cabeça e só depois o tronco, e por que primeiro a criança fixa o olhar e depois é que leva a mão aos objetos. Nesse sentido, já dá para começar a entender a importância de não pular etapas de desenvolvimento. É como construir um prédio com os alicerces inadequados. Os pais que estão empoderados dessas informações conseguem ajudar seus filhos a se desenvolverem sem a criação de expectativas inadequadas e respeitando o tempo e a individualidade de cada criança.

A avaliação do desenvolvimento leva em conta não só marcos motores (segurar a cabeça, rolar, sentar-se, engatinhar etc.), mas também habilidades sociais (sorrir, estranhar pessoas, dar tchau, bater palma etc.) e desenvolvimento da linguagem.

É importantíssimo dizer que todo esse desenvolvimento é altamente dependente do ambiente no qual esse bebê está inserido. Dessa forma, é impossível avaliar essas aquisições isoladamente sem levar em conta também o ambiente. Por isso, é primordial entender também que crianças não são números e que há uma série de fatores que precisam ser considerados. É muitas vezes entendendo o contexto de cada criança que somos capazes de distinguir o que é uma alteração patológica e o que é apenas uma falta de orientação adequada, ambas tão importantes.

Quando um profissional decide se dedicar a trabalhar com esse universo, é preciso estar preparado também para identificar alterações que precisam de intervenção específica. Nesse sentido, precisamos entender o que é um bebê de risco.

Apesar de essas construções e aquisições se darem de forma contínua ao longo da vida, a primeira infância é apontada como um período crucial para o desenvolvimento, em razão da rápida maturação estrutural e cerebral, da maior plasticidade neural e do desenvolvimento de habilidades fundamentais que sustentarão ganhos mais complexos. No entanto, assim como as aquisições dessa fase são determinantes, também o são as intercorrências.

Bebê de risco é aquele que apresenta, na sua história, algum fator de risco para alteração no desenvolvimento neuropsicomotor. A partir do momento em que temos conhecimento profundo de como acontece o desenvolvimento das crianças e a relevância do ambiente para isso, é importante nos atentarmos aos bebês que estão mais suscetíveis ao aparecimento de sequelas neurológicas tardias.

Apesar de sabermos que nem todos os bebês de risco vão apresentar, ao longo do seu desenvolvimento, algum atraso ou até mesmo uma sequela neurológica, é importante que eles sejam acompanhados de perto por uma equipe capaz de identificar precocemente alterações que necessitem de intervenção precoce.

Entre os fatores descritos na literatura, temos: descolamento prematuro de placenta, corioamnionite, restrição de crescimento intrauterino (RCIU), prematuridade, baixo peso ao nascimento, encefalopatia hipóxico isquêmica, necessidade de ventilação mecânica e outras intercorrências neonatais, infecções congênitas (toxoplasmose, rubéola, CMV), sepse, meningite e encefalite, icterícia grave, hemorragia intra ou periventricular e alterações anatômicas de SNC evidenciadas em exames de imagem. Além desses fatores descritos, destaca-se a importância do fator ambiental no desenvolvimento adequado dos bebês. Qualquer tratamento precoce, quando iniciado preferencialmente antes dos 6 meses de vida, pode melhorar e muito o prognóstico desses bebês.

Sempre que se fala em um bebê de risco, é importante que esse bebê e essa família sejam encaminhados para acompanhamento, desde a alta, com uma equipe capaz de acompanhar de perto a evolução. A aplicação de escalas padronizadas de avaliação do desenvolvimento motor permite que bebês com alterações sejam encaminhados à conduta terapêutica de maneira menos subjetiva, além de estabelecer metas para o programa de intervenção e documentar mudanças no desempenho motor.

A partir da década de 1970, com a expansão dos programas de intervenção precoce e dos estudos que comprovaram sua eficácia, observam-se transformações nos modelos de prestação dos cuidados, com a atenção sendo direcionada também à família. Na década de 1980, tais transformações são fortalecidas ainda mais, resultando em uma nova abordagem de intervenção sistêmica, ecológica e centrada na família, que privilegia ações desenvolvidas em uma perspectiva transdisciplinar de trabalho. Portanto, é impossível falar de intervenção precoce e de sucesso do acompanhamento sem pensar na família como protagonista dos cuidados.

Em 2015, como ação do Plano Nacional de Enfrentamento à Microcefalia, o Governo Federal lançou as Diretrizes de Intervenção Precoce. Essas diretrizes têm o intuito de ajudar os profissionais no trabalho de estimulação precoce às crianças de zero a três anos de idade com alterações decorrentes não só da infecção pelo Zika vírus, bem como com outras condições que levem a alterações ou potenciais alterações no desenvolvimento neuropsicomotor. Alguns pontos desse documento são muito importantes de serem mencionados.

A estimulação precoce é um acompanhamento e intervenção clínico--terapêutica multiprofissional com bebês de alto risco e com crianças acometidas por patologias orgânicas, buscando seu melhor desenvolvimento possível. O cuidado à saúde da criança, por meio do acompanhamento do desenvolvimento infantil nos primeiros anos de vida, é tarefa essencial para a promoção à saúde, prevenção de agravos e identificação de atrasos no desenvolvimento neuropsicomotor. Esse acompanhamento garante acesso, o mais precoce possível, à avaliação, diagnóstico diferencial, tratamento e reabilitação, inclusive estimulação precoce, das crianças que necessitam de cuidados especiais.

Todas as intervenções feitas possibilitarão a conquista de uma maior funcionalidade das crianças que apresentem alguma deficiência, permitindo assim um futuro com mais autonomia e inclusão social.

O acolhimento e o cuidado a essas crianças e suas famílias são essenciais para que se conquiste o maior ganho funcional possível nos primeiros anos de vida, fase em que a formação de habilidades primordiais e a plasticidade neuronal estão fortemente presentes, proporcionando amplitude e flexibilidade para progressão do desenvolvimento nas áreas motoras, cognitiva e de linguagem.

Diante de todo o exposto, o trabalho do médico fisiatra, com a equipe multidisciplinar, é fundamental para atingir esses objetivos.

Referências

APRENDIZAGEM; 2014[cited 2015 Dec 17]. Disponível em: <http://www.fmcsv.org.br/pt-br/acervo-digital/Paginas/o-impacto-no-desenvolvimento-da-primeira-infancia-sobre-a-aprendizagem.aspx>. Acesso em 26 de maio de 2021.

CAMACHO M. J. Editorial. Diversidades. 2010;29:3.

FERNANDES M. D. *Subsídios para a caracterização de programas de intervenção precoce implementados pelas equipas de apoios educativos na região de Trás-Os-Montes*. Dissertação [Mestrado]. Porto (Portugal): Universidade do Porto, 2001.

FRANCO, V.; MELLO, M.; APOLÓNIO, A. Problemas do desenvolvimento infantil e intervenção precoce – *Educar em revista*, Curitiba, Brasil, n. 43, p. 49-64, jan./mar. 2012. Editora UFPR.

GURALNICK, M. J. Family influences on early development: Integrating the science of normative development, risk and disability, and intervention. *In*: MCCARTNEY, K.; PHILLIPS, D. (ed.). *Blackwell Handbook of Early Childhood Development*. Oxford: Blackwell Publishers, 2006. p. 44-61.

SAAD, Marcelo. O fisiatra trata do quê? In: *Acta Fisiátrica*, v. 8, n. 2, ago. 2001.

SERRANO A. M. *Redes sociais de apoio e a sua relevância para a intervenção precoce*. Porto: Porto Editora, 2007.

5

O PAPEL DO PROFESSOR ESPECIALIZADO NA EDUCAÇÃO INCLUSIVA

O ponto de partida sempre será o próprio estudante. Por isso, a importância de conhecê-lo bem, seu repertório, interesses e dificuldades. Assim, o processo de ensino-aprendizagem acontecerá de modo mais espontâneo, prazeroso e significativo. Sobre o conceito a ser trabalhado: o que ele sabe a respeito do assunto? O que ele deveria saber/aprender? Como posso aumentar o seu interesse e facilitar sua aprendizagem desse conteúdo?

CINTIA NOGUEIRA

Cintia Nogueira

Pedagoga graduada pela UBC (2002). Assistente social graduada pela UBC (2015), com pós-graduação em Educação Especial e Inclusiva com Ênfase em Deficiência Intelectual e Múltipla (UCAM – 2015). Neuropsicopedagogia (UCAM – 2016); Autismo (Facespi – 2018); graduanda em ABA (Faculdade Dom Alberto). Atua como acompanhante terapêutica (CBI of Miami – 2019). Fez o curso de Estratégias de Ensino Naturalistas Baseadas no Modelo Denver (Instituto Farol – 2019). VB-MAPP (Academia do Autismo – 2020). Professora especializada na Rede Estadual de Ensino do Estado de São Paulo.

Contatos
cintia.educare@outlook.com
Instagram: @papopraladeespecial
Facebook: EDUCARE Neuropsicopedagogia e Acompanhamento
	Pedagógico e Terapêutico

A inclusão acontece quando se aprende com as diferenças e não com as igualdades.
Paulo Freire

Quando a escola recebe um aluno com deficiência ou com algum transtorno, descobrimos algumas barreiras existentes. Elas podem ser arquitetônicas: como a ausência de banheiro adaptado ou que possui portas tão estreitas que não permitem a passagem de uma cadeira de rodas, salas ou laboratórios no piso superior com a escada como seu único acesso, sem rampas em lugares estratégicos e, principalmente, na entrada das salas de aula.

Já as barreiras na comunicação e na informação são qualquer obstáculo, atitude ou comportamento que dificulte ou impossibilite a expressão ou o recebimento de mensagens e de informações por intermédio de sistemas de comunicação e de tecnologia da informação. Algumas das barreiras encontradas em sites, por exemplo, são links não acessíveis por navegação por teclado, imagens sem texto alternativo e vídeos sem legenda. Muitas vezes, erros pequenos como links repetidos, fontes muito pequenas e idioma da página não declarado no código-fonte podem atrapalhar ou até impossibilitar a navegação dos usuários com alguma deficiência. Outra barreira seria a falta de conhecimento sobre a Língua Brasileira de Sinais, uma língua de modalidade gestual-visual em que é possível se comunicar por meio de gestos, expressões faciais e corporais. É considerada uma língua oficial do Brasil desde 24 de Abril de 2002, pela Lei n. 10.436. A Libras é muito utilizada na comunicação com pessoas surdas, sendo, portanto, uma importante ferramenta de inclusão social.

As barreiras atitudinais são atitudes ou comportamentos que impeçam ou prejudiquem a participação social da pessoa com deficiência em igualdade de condições e oportunidades com as demais pessoas. Infelizmente, elas são as mais comuns na nossa sociedade e as mais prejudiciais também. Consistem nas atitudes e comportamentos preconceituosos, como: não aceitar a matrícula de um aluno com deficiência na escola, deixar o aluno com deficiência no fundo da sala de aula sem o atendimento adequado e fazer *bullying*.

Facilitadores para o processo de ensino-aprendizagem para a educação inclusiva social

- Tecnologia assistiva: termo ainda novo, utilizado para identificar todo o arsenal de recursos e serviços que contribuem para proporcionar ou ampliar habilidades funcionais de pessoas com deficiência e, consequentemente, promover vida independente e inclusão.
- Recursos: podem variar de uma simples bengala a um complexo sistema computadorizado. Estão incluídos brinquedos e roupas adaptadas, computadores, softwares e hardwares especiais, que contemplam questões de acessibilidade, dispositivos para adequação da postura sentada, recursos para mobilidade manual e elétrica, equipamentos de comunicação alternativa, chaves e acionadores especiais, aparelhos de escuta assistida, auxílios visuais, materiais protéticos e milhares de outros itens confeccionados ou disponíveis comercialmente.
- Serviços: são aqueles prestados profissionalmente à pessoa com deficiência visando selecionar, obter ou usar um instrumento de tecnologia assistiva. Como exemplo, podemos citar avaliações, experimentação e treinamento de novos equipamentos. Os serviços de tecnologia assistiva são normalmente transdisciplinares, envolvendo profissionais de diversas áreas, tais como: Fisioterapia, Terapia ocupacional, Fonoaudiologia. Educação, Psicologia, Enfermagem, Medicina, Engenharia, Arquitetura, Design e Técnicos de muitas outras especialidades.

A Comunicação Aumentativa e Alternativa (CAA) destina-se a compensar e facilitar, permanentemente ou não, prejuízos e incapacidades dos alunos com graves distúrbios da compreensão e da comunicação expressiva (gestual, falada e/ou escrita). Um conjunto de procedimentos e processos que visam maximizar a comunicação, complementando ou substituindo a fala e/ou a escrita. Com o objetivo de ampliar ainda mais o repertório comunicativo que envolve habilidades de expressão e compreensão, são organizados e construídos auxílios externos como cartões de comunicação, pranchas de comunicação, pranchas alfabéticas e de palavras, vocalizadores ou o próprio computador que, por meio de software específico, pode tornar-se uma ferramenta poderosa de voz e comunicação. Os recursos de comunicação de cada pessoa são construídos de forma totalmente personalizada e levam em consideração várias características que atendem às necessidades desse usuário.

Surge então a necessidade de professores preparados para atender a essa clientela, oferecendo um ensino de qualidade e igualitário.

Em 2001, a Resolução n. CNE/CEB 02/2001, que define as Diretrizes Nacionais para a Educação Especial na Educação Básica, estabeleceu dois tipos de professores aptos a assumir o magistério para os alunos com deficiência, em seu artigo 18: os "capacitados" e os "especializados". Esses docentes têm atribuições diferenciadas. Para receber os alunos em classes comuns, devem ser *capacitados*; para assumir as atividades de atendimento educacional especializado, devem ser *especializados*, das seguintes formas:

- § 1º São considerados professores *capacitados* para atuar em classes comuns com alunos que apresentam necessidades educacionais especiais aqueles que comprovem que, em sua formação, de nível médio ou superior, foram incluídos conteúdos sobre educação especial adequados ao desenvolvimento de competências e valores para:
- I – perceber as necessidades educacionais especiais dos alunos e valorizar a educação inclusiva;
- II – flexibilizar a ação pedagógica nas diferentes áreas de conhecimento de modo adequado às necessidades especiais de aprendizagem;
- III – avaliar continuamente a eficácia do processo educativo para o atendimento de necessidades educacionais especiais;
- IV – atuar em equipe, inclusive com professores especializados em educação especial.
- § 2º São considerados professores *especializados* em educação especial aqueles que desenvolveram competências para identificar as necessidades educacionais especiais para definir, implementar, liderar e apoiar a implementação de estratégias de flexibilização, adaptação curricular, procedimentos didáticos pedagógicos e práticas alternativas, adequadas aos atendimentos delas, bem como trabalhar em equipe, assistindo o professor de classe comum nas práticas que são necessárias para promover a inclusão dos alunos com necessidades educacionais especiais.
- § 3º Os professores especializados em educação especial deverão comprovar:
- I – formação em cursos de licenciatura em educação especial ou em uma de suas áreas, preferencialmente de modo concomitante

e associado à licenciatura para a educação infantil ou para os anos iniciais do Ensino Fundamental;

• II – complementação de estudos ou pós-graduação em áreas específicas da educação especial, posterior à licenciatura nas diferentes áreas de conhecimento, para atuação nos anos finais do Ensino Fundamental e no Ensino Médio.

• § 4º Aos professores que já estão exercendo o magistério devem ser oferecidas oportunidades de formação continuada, inclusive em nível de especialização, pelas instâncias educacionais da União, dos estados, do Distrito Federal e dos municípios.

A escola como o primeiro espaço de socialização, aprendizagem e cidadania

Na escola, por ser o primeiro ambiente social do aluno depois da família, precisamos de um trabalho responsável que envolva todos os funcionários. Então sabemos que é um local de relacionamento da criança com pessoas que não são de sua família, e que estão com elas todos os dias por boa parte do tempo. É importante estar na escola, um ambiente com regras sociais, primeiro espaço para fazer amizade e, às vezes, amigos para a vida toda. No entanto, quando se pensa em escola, lembramos somente do pedagógico e do processo qualitário e quantitário de conteúdos como: escrita/leitura/conceitos matemáticos etc., mas isso vai muito além. Precisamos pensar na socialização, que é o primeiro passo para tudo; o aluno precisa se sentir parte integrante desse espaço e perceber/enxergar o outro como pessoa, sabendo respeitar normas e valores e, assim, utilizando em seu dia a dia seu comportamento em relação aos outros alunos e funcionários, afirmando sua autonomia, estabelecendo limites ao exercício da liberdade e contribuindo para uma convivência harmoniosa e democrática.

Sabemos que receber uma criança com alguma deficiência ou transtorno na escola traz muitas dúvidas que vão além do acolhimento e aprendizagem. Cada um é um ser único, comportando-se e aprendendo de uma maneira, por isso é normal essa preocupação por parte dos professores especialistas e gestores em fazer o melhor por esse aluno. Então, é fundamental que proporcionemos a eles um contexto de aprendizagem prazerosa, reforçadora e sem aversão, frustração, dificuldades ou confirmação de suas fraquezas. Isso porque não estamos falando somente desse aluno que está sendo acompanhado, mas sim de todos os outros que estão dentro desse contexto social. Falamos de vários indivíduos, múltiplas famílias com maneiras diferentes de pensar, agir e ver o mundo. O professor especializado chega para inserir esse aluno nesse universo com muito respeito, buscando integrá-lo ao grupo e levá-lo a um envolvimento com as atividades propostas, observando e respeitando os seus limites e potencialidades, para um melhor desenvolvimento acadêmico. O professor especializado deverá sempre se capacitar, se atualizar e nunca parar de estudar, porque tem um papel muito importante na escola e na vida do aluno que acompanha, mediando o conhecimento e inserindo-o ao grupo social escolar. Uma ferramenta muito importante para conhecermos o aluno e suas reais necessidades e dificuldades é o Plano Educacional Individual (PEI), definido como uma estratégia que estabelece um planejamento escolar individualizado, que contém as necessidades específicas do aluno, cuja avaliação e revisão são realizadas periodicamente. Sabemos que todas as crianças têm o potencial de aprender, mas cada uma tem o seu tempo, seu ritmo e suas necessidades. Por causa disso, nem todas as propostas pedagógicas alcançam todas as crianças da mesma forma e isso precisa ser olhado com carinho e empatia pelo professor. Com uma proposta individualizada, o PEI se inicia com a escuta minuciosa dos pais e das crianças (quando maiores e verbais), além de uma avaliação inicial de repertório básico de aprendizagem, para compreender como está o desempenho do aluno.

A partir disso, é construído um plano de desenvolvimento individual para que ele alcance pleno desenvolvimento escolar, com metas e objetivos específicos. Com esse documento, planejamos e acompanhamos o processo de aprendizagem e o desenvolvimento do aluno. Esse instrumento deve conter as habilidades que o aluno possui e as que devem ser estimuladas (acadêmicas, de vida diária, motoras e sociais), os conteúdos que serão trabalhados com ele, os objetivos que queremos alcançar em cada um deles, a metodologia (como fazer), os recursos que iremos utilizar e o prazo para colocar em prática o que planejamos. Para que isso ocorra, o professor de sala de aula precisa conhecer bem seu aluno, então é necessária uma avaliação inicial para a criação do PEI. Assim como a avaliação inicial, a avaliação contínua também se torna um fator muito importante, para não dizer essencial, nesse processo, pois é ela que vai nos mostrar o que alcançamos ou não dentro do período de aplicação do plano e se é necessário reestruturá-lo. Deve ser revisto semestralmente, para analisar se os objetivos estão sendo alcançados e, em consequência, reestruturá-lo se houver necessidade.

O professor especializado trabalha com a observação, a intervenção e a orientação aos professores especialistas quanto à necessidade de se adaptar conteúdos, materiais e atividades para que o aluno consiga entender, aprender e se apropriar desse conhecimento. Não seria uma aula diferente, mas o conteúdo apresentado é explicado de outra maneira, que tenha significado ao aluno. Não se pensa em quantidade, e sim em qualidade.

A necessidade e a importância da adaptação curricular

As adaptações curriculares são consideradas estratégias e critérios de atuação docente, admitindo decisões que oportunizam adequar a ação educativa escolar às maneiras peculiares de aprendizagem dos alunos, considerando que o processo de ensino-aprendizagem pressupõe atender à diversificação de necessidades dos alunos na escola (MEC/SEESP/SEB, 1998).

As adaptações curriculares constituem, portanto, possibilidades educacionais de atuar frente às dificuldades de aprendizagem dos alunos. Pressupõe-se que seja realizada a adaptação do currículo regular, quando necessário, para torná-lo apropriado às peculiaridades do aluno. Não um novo currículo, mas um currículo dinâmico, flexível, alterável, passível de ampliação, para que atenda realmente a todos os educandos. Nessas circunstâncias, as adaptações curriculares implicam a planificação pedagógica e as ações docentes fundamentadas em critérios que definem: o que o aluno deve aprender; como e quando aprender; que formas de organização de ensino são mais eficientes para o processo de aprendizagem; como e quando avaliar o aluno.

As adaptações curriculares são os ajustes e modificações necessários que devem ser promovidos nas diferentes instâncias curriculares, para responder às necessidades de cada aluno, e assim favorecer as condições que lhe são indispensáveis para que se efetive o máximo possível de aprendizagem.

As adaptações curriculares são providências que devem ser implementadas para atender às necessidades educacionais de cada aluno, inclusive às especiais, de forma a favorecer-lhes o acesso ao conhecimento e seu uso funcional, na administração de sua própria vida e no processo de transformação da sociedade.

O currículo para uma escola inclusiva, entretanto, não se resume apenas a adaptações feitas para acomodar os alunos com deficiências ou demais necessidades especiais. A escola inclusiva demanda uma nova forma de concepção curricular, que tem de dar conta da diversidade do seu alunado. Ferreira (2003), utilizando-se da Declaração de Salamanca UNESCO (1994), considera escola inclusiva aquela que "reconhece e satisfaz as necessidades diversas dos seus alunos, adaptando-se aos vários estilos e ritmos de aprendizagem, de modo a garantir um bom nível de educação para todos...".

Às vezes a adaptação é melhorar a localização da carteira que o aluno senta, o tom e volume de voz do professor, a necessidade de utilizar recursos audiovisuais para a explicação daquele conteúdo, uma atividade em folha com menos questões para uma melhor visualização e entendimento, ser avaliado diariamente e não somente naquelas datas específicas e com provas, para verificar de fato a sua evolução na aprendizagem.

Como, quando e o que avaliar?

Ao pensarmos em avaliação, já imaginamos os alunos ansiosos, nervosos, de cabeça baixa, com medo desse processo que irá mostrar o quanto eles aprenderam ou não. Muitos educadores relatam a dificuldade de avaliar os alunos com deficiência, transtorno ou dificuldade de aprendizagem, visto que, ao aplicarem uma prova a todos os alunos, esperam resultados condizentes aos conteúdos trabalhados em sala de aula. Como avaliar esses alunos e quais indicadores ou critérios podem sugerir o avanço na aprendizagem?

A avaliação dos alunos com deficiência/transtorno, como a dos demais alunos, visa ao reconhecimento dos avanços no entendimento dos conteúdos curriculares e no desenvolvimento de habilidades e competências para sua série/etapa/ciclo. A única diferença está no planejamento de recursos de acessibilidade que devem ser colocados à disposição desses alunos para que possam aprender com equiparação de oportunidades de expressão, garantidas as adaptações necessárias.

Há uma grande gama de recursos da tecnologia assistiva hoje já disponíveis; enfim, tudo aquilo que é necessário para suprir necessidades impostas pela deficiência. No caso do aluno com deficiência intelectual/autismo, a grande questão está no bom planejamento das atividades pedagógicas, garantindo uma linguagem assertiva na comunicação, vinculada às suas experiências de vida, e na escolha de atividades utilizando exemplos concretos e práticos que ajudem o aluno a estabelecer relações e a elaborar suas conclusões e aprendizagens do processo. É na forma como esse aluno percorre essas experiências que poderemos observar seus avanços e dificuldades frente ao conteúdo escolar proposto. Medir somente o resultado da atividade não nos traz muita informação sobre esse aluno. O importante é que esses progressos sirvam de instrumento para que o professor verifique o que e como o aluno aprendeu e planeje estratégias diferenciadas para que ele não pare de avançar. Essas observações também servirão para o planejamento dos objetivos e desafios pedagógicos seguintes. A avaliação assim compreendida deverá ter uma estreita relação com o processo de ensino-aprendizagem, e de forma contínua.

Procura-se conhecer os progressos e também as estratégias de trabalho utilizadas pelos alunos para aprender. Diferentes instrumentos de avaliação devem ser utilizados, tais como: relatórios bimensais com observações individuais e coletivas, além dos portfólios com anotações diárias, em que estão contidas todas as observações e estratégias dos alunos durante a execução das suas atividades. O portfólio é um instrumento que permite ao aluno, professores e pais perceberem como se iniciou o trabalho e como ele se desenvolveu e, consequentemente, as suas aquisições, predefinindo futuros trabalhos, conforme os focos de interesse que vão surgindo no processo de aprendizagem. Pode facilitar a tomada de decisão sobre que recursos de acessibilidade deverão ser oferecidos e qual grau de sucesso está sendo obtido com o seu uso. Eles permitem que tomemos conhecimento não só das dificuldades, mas também das habilidades dos alunos, para que, por meio dos recursos necessários, elas sejam ampliadas. Esse registro poderá também colaborar expressivamente nos conselhos de classe e nas decisões da equipe escolar em relação à promoção ou à retenção do aluno no seu percurso escolar. Essa maneira de avaliar permite que o professor acompanhe o processo de aprendizagem de seus alunos e descubra que cada um desenvolve o seu método próprio de construir conhecimentos, o que torna inadequada a adoção de uma única metodologia como recurso de avaliação, como se houvesse homogeneidade no processo de aprendizagem.

Os professores precisam desenvolver um ambiente de trabalho seguro, pacífico e voltado para os objetivos acadêmicos. A segurança é importante para a aprendizagem, porque se um aluno não confia no ambiente escolar como protetor e gratificante, ele não se sentirá à vontade e não aprenderá com eficiência. E o sucesso do aluno depende de toda a equipe escolar envolvida, equipe multidisciplinar, bem como a família, que tem papel importante e fundamental nessa trajetória de conquistas.

Referências

BRASIL. Ministério da Educação. *Catálogo de Publicações.* Disponível em: <http://portal.mec.gov.br/index.php?Itemid=860&id=12625&option=com_content&view=article>. Acesso em: 20 de maio de 2021.

BRASIL. Ministério da Educação. *Declaração de Salamanca: sobre princípios, políticas e práticas na área das necessidades educativas especiais, 1994.* Disponível em: <http://portal.mec.gov.br/seesp/arquivos/pdf/salamanca. pdf>. Acesso em: 20 de maio de 2021.

BRASIL. Ministério da Educação. *Leis de Diretrizes e Bases da Educação Nacional.* LDB 9.394, de 20 de dezembro de 1996. Disponível em: <http://portal.mec.gov.br/legislações>. Acesso: 21 de março de 2011.

BRASIL. Ministério da Educação. *Política Nacional de Educação Especial na perspectiva da Educação Inclusiva.* Brasília: MEC/SEESP, 2008. Disponível em: <http://www.portal.mec.gov.br/arquivos/pdf/2007.pdf>. Acesso em: 31 de março de 2021.

BRASIL. Resolução CNE/CEB n. 2, de 11 de fevereiro de 2001. Institui Diretrizes Nacionais para a Educação Especial na Educação Básica. Brasília: MEC/SEESP, 2001.

FERREIRA, Maria Cecília Carareto. Educação inclusiva. Apresentação para professoras. O desenvolvimento profissional do docente e a inclusão escolar do aluno com deficiência. Universidade Federal de Uberlândia, 2006.

FONSECA, Maria Elisa Granchi; CIOLA, Juliana de Cássia. *Vejo e aprendo.* Fund. do Programa TEACCH – Ensino Estruturado para pessoas com Autismo, 2016.

INSTITUTO ITARD. C 2021. Página inicial. Disponível em: <https://institutoitard.com.br/>. Acesso em: 27 de maio de 2021.

OLIVIER, Lou. *Transtornos de comportamento e distúrbios de aprendizagem.* Editora Wak, 2013.

ORRÚ, Silvia Ester. *Autismo, linguagem e educação.* Editora Wak, 2012.

PORTAL EDUCAÇÃO. *Adaptações curriculares na educação inclusiva.* Disponível em: <https://www.portaleducacao.com.br/conteudo/artigos/pedagogia/adaptacoes-curriculares-na-educacao-inclusiva/45866>. Acesso em: 20 de maio de 2021.

SANTOS, Fernanda Andrade dos. *O que é o PEI – Plano Educacional Individual?* Disponível em: <https://centroevolvere.com.br/blog/o-que-e--o-pei-plano-educacional-individual/>. Acesso em: 20 de maio de 2021.

SÃO PAULO. Secretaria da Educação. Núcleo de Apoio Pedagógico Especializado – CAPE. *Deficiência Intelectual: Realidade e Ação*, 2013.

SARTORETTO, Mara Lúcia; BERSCH, Rita. Assistiva - tecnologia e educação. C. 2021. Página inicial. Disponível em: <https://www.assistiva.com.br>. Acesso em: 20 de maio de 2021.

TEIXEIRA, Gustavo. *Manual do autismo.* Editora Best Seller, 2019.

TUTORES educação multidisciplinar. *Plano Educacional Individualizado (PEI): uma ferramenta indispensável na prática pedagógica.* Disponível em: <http://tutores.com.br/blog/?p=3104>. Acesso em 27 de maio de 2021.

ZAPPAROLI, Kelem. *Estratégias lúdicas para o ensino da criança com deficiência.* Editora Wak, 2014.

6

AUTISMO E ATIVIDADES FÍSICAS

Neste capítulo, pais de pessoas com autismo vão descobrir o potencial inesgotável de seus filhos. O esporte e o exercício físico são ferramenta de inclusão e desenvolvimento de crianças, adolescentes e adultos.

DANIEL CARMO

Daniel Carmo

Profissional de Educação Física (Unesa-RJ). Integrante da Câmara de Educação Física Adaptada e Inclusiva do CREF1 (Cefai). CEO da Assessoria Esportiva Inclusiva.

Contatos
Instagram: @danielcarmo.inclusaoesportiva
21 96492-8786

Este capítulo se refere à intervenção da atividade física para pessoas com autismo. O objetivo é elucidar questões acerca do tema e os benefícios que a atividade promove para a população com autismo. A pesquisa foi de origem exploratória, concentrando as importantes descobertas científicas. Os resultados sugerem que o exercício físico atua concomitantemente com outras práticas com evidências, assim como a formação parental no processo de desenvolvimento e inclusão de crianças, adolescentes e adultos com autismo.

Saudações inclusivas!

Quando falamos em atividade física, estão muito bem documentados na literatura científica os benefícios tanto para a saúde física quanto a mental para crianças, adolescentes e adultos com desenvolvimento típico. Parece óbvio, e é, mas ainda precisamos lutar e brigar pelo óbvio. Segundo dados do IBGE, mais da metade da população brasileira está sedentária e, consequentemente, com sobrepeso ou obesidade. Esse impacto tanto na saúde pública quanto na qualidade de vida é imensurável. O Ministério da Saúde afirma que, entre 2006 e 2016, o Brasil teve aumento na taxa de obesidade de 7,1%, e esse crescimento pode colaborar para o aumento da prevalência de diabetes e hipertensão. Nesse sentido, a atividade física é muito importante para combater essas questões.

A inatividade física é um fator de risco chave e modificável para uma série de resultados de saúde. Na verdade, a inatividade física é a quarta maior causa de morte em todo o mundo (KOHL et al., 2012) e tem sido associada a um aumento do risco de câncer, hipertensão, diabetes tipo 2 e doença cardíaca coronária (BLAIR e BRODNEY, 1999). Participação em atividade física (PA) também pode diminuir a suscetibilidade de um indivíduo a estresse e ansiedade (STUBBS et al., 2017) e o risco para diabetes (COLBERG et al., 2016), além de melhorar o sono (SAUNDERS et al., 2016) e reduzir os sintomas de depressão (SCHUCH e STUBBS, 2019).

Com relação a atividades físicas para pessoas com autismo é ainda mais preocupante, e quando a idade avança, tende a cair ainda mais a frequência. A Organização Mundial da Saúde (OMS) recomenda que crianças e adolescentes, com idade entre 5 e 17 anos, façam pelo menos 60 minutos diários de atividade física de intensidade moderada a vigorosa, e pessoas com idades entre 18 anos e 64 anos façam 150 minutos diários de atividade aeróbica, ou seja, movimentos cíclicos de forma moderada ou 75 minutos de atividades vigorosas. Segundo o National Professional Development Center on Autism Spectrum Disorder (NPDC), crianças diagnosticadas com autismo devem praticar atividades físicas de 20 a 50 minutos diários.

O objetivo deste capítulo é elucidar questões acerca das atividades físicas para pessoas com autismo. Foi uma pesquisa exploratória, que visa investigar as importantes descobertas científicas, muito originadas pelo acaso quando da constatação de fenômenos ocorridos durante experimentos.

As alterações motoras estão presentes, em alguns estudos, em até 80% dos casos. Déficits na coordenação grossa, fina, destreza manual, equilíbrio e hipotonia muscular são vistos em crianças, adolescentes e adultos. Essas alterações motoras podem estar diretamente relacionadas ao desenvolvimento cognitivo e de autonomia em pessoas com autismo, por isso são necessários: o diagnóstico precoce, a avaliação e a intervenção motoras em todas as fases da vida da pessoa com autismo.

Um estudo foi conduzido no Generation R Study, uma coorte de base populacional que acompanha crianças desde a vida fetal (JADDOE et al., 2012; Tiemeier, 2012). Resumidamente, as mães eram elegíveis se morassem na área de Rotterdam, na Holanda, e tivessem uma data de parto entre abril de 2002 e janeiro de 2006. Quando os bebês tinham 2 a 5 meses de idade, seu desenvolvimento neuromotor foi avaliado durante uma visita domiciliar por assistentes de pesquisa treinados. A avaliação neuromotora foi concluída em 4.055 crianças. Estas foram os participantes elegíveis para este estudo de acompanhamento. Quando tinham 6 anos, questionários foram enviados aos cuidadores a fim de avaliar os traços autistas nas crianças. Informações sobre traços autistas estavam disponíveis em 2.905 delas (72% de 4.055). O baixo tônus muscular na infância previu traços autistas aos 6 anos de idade. Tônus muscular elevado não foi associado a traços autistas. Até onde sabemos, este é o primeiro estudo longitudinal de base populacional que mostra a associação de longo prazo do baixo desenvolvimento do tônus muscular infantil com traços autistas na infância

Um estudo de Kern et al. verificou que a força de preensão manual nos participantes diagnosticados com TEA estava relacionada à gravidade do distúrbio. Nesse estudo, 37 crianças com TEA foram avaliadas por meio da Escala de Classificação do Autismo na Infância (CARS) e testadas quanto à força muscular da mão utilizando um dinamômetro de preensão manual. Os resultados mostraram que quanto mais severamente afetada a criança, menor a força de preensão manual. Estudos fornecem evidências de que a força de preensão e aperto são componentes importantes no desenvolvimento do controle do lápis, da legibilidade da escrita e da independência das tarefas motoras finas funcionais. Enquanto a caligrafia é uma tarefa importante da infância no ambiente acadêmico, as atividades de autocuidado são relevantes ao ambiente doméstico. Muitas habilidades de autocuidado, como manipular prendedores, abrir pacotes e amarrar sapatos, exigem força de aperto e controle motor fino.

As relações familiares nesse quesito são fundamentais para o desenvolvimento integral de seus filhos, pois é na observação das fases do desenvolvimento nos primeiros anos de vida que notamos se há alguma alteração, como a demora em engatinhar, sentar-se e andar. É preciso sempre ressaltar que não é correto afirmar que toda criança tem seu tempo, na verdade existe o tempo certo e o errado no processo de desenvolvimento maturacional. A boa orientação, o empoderamento e o treinamento parental fazem toda a diferença não só na vida da criança, mas também na própria saúde emocional dos familiares de pessoas com autismo. Utilizando uma abordagem fenomenológica, os pais de adultos no espectro do autismo foram entrevistados a respeito de suas percepções sobre as barreiras e facilitadores para a inserção na atividade física. Os pais desempenham um papel significativo no nível de atividade física de seus filhos adultos no espectro do autismo.

Como seus principais cuidadores, suas atitudes, crenças e envolvimento em atividades físicas afetam muito o engajamento de seus filhos adultos nessas atividades. Muitos comportamentos estereotipados associados ao TEA contribuem para facilitar ou dificultar a participação da atividade física. Aos com espectro do autismo, pode haver falta de interesse na atividade física, em geral, ou em certos esportes, em particular. Eles também podem perseverar na realização de atividades que muitos considerariam insignificantes e no controle motor, exibir comportamentos agressivos, ter menores níveis cognitivos que dificultam o entendimento de regras e direções, ou podem exibir comportamentos imprevisíveis que aumentam o medo entre os pais. Finalmente, acesso e oportunidades afetam os níveis de atividade física em adultos no espectro do autismo. A residência próxima e a disponibilidade de programas desempenharam um papel importante na atividade física de adultos no espectro do autismo e a falta de programas disponíveis impediu que outros participantes se envolvessem em atividade física.

Sabe-se que a interação ativa com o ambiente é necessária para que se retirem informações adequadas daquele local, o que afeta a organização do cérebro e a reorganização depois de uma lesão. A plasticidade neural é a capacidade natural do cérebro de se adaptar aos diversos tipos de ambiente, contribuindo para o desenvolvimento estrutural do Sistema Nervoso e o restabelecimento funcional no pós-lesão cerebral (CARR; HEPHERD, 2008). Estudos mostram que um ambiente rico em estímulos influencia positivamente no processo plástico do SNC, favorecendo a reabilitação quando este se encontra lesionado, pois o comportamento é consequência das modificações dos circuitos neurais desencadeados pelos estímulos. Aí fica a pergunta, qual o melhor ambiente favorável para a neuroplasticidade? Um ambiente rico de estímulos com jogos e brincadeiras, ou ofertar o uso eletrônico?

Na adolescência, o olhar já começa a mudar por uma série de fatores. É comum familiares de pessoas com autismo se queixarem pela falta de interesse em atividades físicas por adolescentes. As dez atividades regulares mais comumente relatadas no estudo entre os adolescentes com TEA foram (em ordem): caminhada, natação, videogame ativo, basquete, corrida, dança, ciclismo, ioga, kickball e beisebol/softbol. Os videogames ativos e as caminhadas estavam entre as três principais atividades realizadas com mais frequência. Os provedores de atividade física têm um papel importante na adaptação das atividades e na acomodação das necessidades dos jovens com TEA, para que possam ter sucesso nas atividades escolares e comunitárias. Trabalhar em conjunto com pais e jovens com TEA para identificar atividades agradáveis e determinar modificações apropriadas aumentará a eficácia dos programas de atividade física, especialmente em ambientes inclusivos. Os pesquisadores são incentivados a adaptar intervenções baseadas em evidências que possam promover a participação sustentada na atividade física e envolver o pessoal de apoio (por exemplo, famílias, profissionais de Educação Física e pares) de maneira significativa ao procurar avançar na agenda de pesquisa em promoção de atividade física entre jovens com TEA.

A National Clearinghouse on Autism Evidence & Practice, no Frank Porter Graham Child Development Institute, concluiu o novo relatório sobre Evidence Based Practices (EBPs). Este inclui literatura publicada de 2012 a 2017 e os resultados são combinados com a literatura da revisão anterior, de 1990 a 2011.

Existem cinco novas práticas identificadas, várias reconceitualizações e recategorizações de práticas, novos dados relacionados aos participantes do estudo (por exemplo, dados de raça/etnia/nacionalidade) e novas informações sobre a implementação da intervenção (por exemplo, onde a intervenção foi implementada e por quem). O exercício físico aparece como uma dessas práticas. As intervenções de exercício e movimento incorporam o uso de esforço físico e/ou atenção a fim de atingir uma variedade de habilidades e comportamentos. O exercício pode ser usado como uma atividade antecedente para melhorar o desempenho de uma tarefa ou comportamento, ou pode ser usado a fim de aumentar a aptidão física e habilidades motoras. As atividades de movimento podem incluir atividades esportivas/recreativas, artes marciais, ioga ou outras práticas conscientes que se concentram em conjuntos específicos de habilidades e técnicas motoras. Intervenções com exercício podem incorporar atividades de aquecimento/resfriamento e aeróbicas, de força, de alongamento e/ou motoras hábeis e ser realizadas em configurações individuais ou em grupo/equipe. O exercício físico é frequentemente usado em conjunto com solicitação, modelagem, reforço e suporte visual.

Os apoios visuais fornecem aos alunos com autismo expectativas claras, um cronograma previsível de eventos, que promovem transições independentes e indicam mudanças que podem ocorrer durante o dia (MORRISON, SAINATO, BENCHAABAN & ENDO, 2002). Os suportes visuais criam previsibilidade, ordem e consistência, ou seja, o que os alunos com autismo precisam (SIMPSON & MYLES, 1996). Imagens, desenhos, programações de atividades visuais, pontos e linhas no chão, cronômetros, horários escritos e limites específicos são exemplos de suportes visuais úteis (BLUBAUGH & KOHLMANN, 2006; RAO & GAGIE, 2006). Os suportes visuais ajudam a fornecer um ambiente previsível e organizado, apelando para os pontos fortes do processamento de estudantes com autismo ou de qualquer aluno que processe visualmente informações de forma mais eficaz.

A participação em atividades físicas tem um efeito positivo na saúde, coordenação motora e aptidão cardiovascular de crianças com TEA. Por meio dessas atividades, o comportamento social e as habilidades de comunicação de crianças com TEA se desenvolvem e sua qualidade de vida melhora. Além disso, a participação em atividades físicas contribui para a redução do comportamento de agressão, níveis de estresse e problemas comportamentais (LANG et al., 2010; SORENSEN e ZARRETT, 2014) de crianças com TEA. Em geral, são usados movimentos de aquecimento (com ritmo e música), exercícios funcionais (emparelhados e individuais), jogos educativos (jogos realizados com pares, cooperação, grupo, regra, ritmo e música), jogos infantis tradicionais, alongamento e resfriamento (atividades pareadas, em grupo e individuais). Pequenas atividades físicas podem ser aplicadas ao longo do dia. Dançar, brincar com toda a família e realizar tarefas domésticas, como limpeza e jardinagem, são outros meios para se manter ativo em casa (EWHO, 2020). Além disso, caminhar em casa, subir escadas, realizar abdominais e flexões também pode ser inspiração para se estar ativo durante o dia (CHEN et al., 2020; EWHO, 2020).

O uso da abordagem integrada à atividade de ioga como terapia complementar para crianças diagnosticadas com transtorno do espectro do autismo (TEA) raramente é relatado e pouco se sabe sobre a eficácia de tais intervenções. Um estudo investigou a ioga como um método de tratamento com crianças com TEA para aumentar as habilidades imitativas. Pais e seis crianças com TEA participaram de um programa de 10 meses com cinco sessões semanais e prática regular em casa. As avaliações pré, meados e pós-tratamento incluíram observações e classificações dos pais sobre as habilidades de imitação das crianças, como ações motoras amplas, vocalização, imitação complexa, movimentos faciais orais e imitação de exercícios respiratórios. Observou-se melhoria das habilidades de imitação das crianças, apontando especialmente para os movimentos faciais corporais, posturais e orais. Os pais relataram mudança no padrão de brincadeira dessas crianças com brinquedos, colegas e objetos em casa.

O futebol é o esporte mais popular do mundo. Em um estudo, os autores avaliaram o efeito da iniciativa de jogar futebol nas habilidades, aptidão e mobilidade de adultos com deficiência intelectual (DI) e transtorno do espectro autista (TEA).

O programa foi composto de sessões semanais. Resultados: habilidades no futebol, condicionamento físico e mobilidade. A efetividade foi avaliada usando análises entre grupos (por exemplo, tamanho do efeito). O objetivo do estudo foi examinar os efeitos da participação no programa de futebol sobre habilidades no futebol, aptidão física e capacidade de adultos com deficiência intelectual e TEA. A hipótese concluiu que, apesar do baixo volume de treinamento, efeitos positivos foram revelados nos dois grupos. Consequentemente, os grupos de deficiência intelectual e TEA apresentaram melhora em alguns resultados de condicionamento físico. No entanto, diferentes tendências foram observadas.

A bicicleta está sendo cada vez mais usada para abordar as dificuldades físicas e de aprendizagem das crianças autistas. Em razão de desafios de equilíbrio e coordenação, muitas crianças com TEA nunca aprendem a andar de bicicleta. No entanto, um estudo realizado em 2020 descobriu que crianças autistas foram capazes de melhorar significativamente sua estabilidade física após semanas de treinamento regular em uma bicicleta de equilíbrio sem pedal. O estudo envolveu 15 crianças e jovens autistas entre seis e dezessete anos sem experiência anterior em andar de bicicleta. Eles se reuniam três dias por semana durante uma hora e andavam em média por cerca de 15 minutos a cada vez, dependendo de quanto tempo conseguiram tolerar o exercício.

Na fase adulta, as demandas são peculiares, por conta da diminuição da prática de atividade física, problemas de saúde como obesidade, hipertensão e até risco parkisonianos, além de questões relacionadas à saúde mental como ansiedade, depressão, problemas de sono e tendências suicidas. Estudos apontam que pessoas com autismo, principalmente de quadro leve, têm quatro vezes mais chances de ter depressão, ao contrário daqueles com desenvolvimento típico. E o lado bom é que o exercício físico contribui tanto para a saúde física quanto para a mental. Adultos autistas correm um risco maior para uma série de problemas em comparação com seus pares não autistas (BISHOPFITZPATRICK & KIND, 2017; CASHIN et al., 2016; CROEN et al., 2015). Embora pesquisas sobre atividade física entre autistas adultos sejam esparsas, aquelas envolvendo jovens autistas sugerem que a atividade física pode oferecer benefícios adicionais (BREMER & LLOYD, 2016; HEALY et al., 2018; LANG et al., 2010; SOWA & MEULENBROEK, 2012). Estudos adicionais também descobriram que a participação na atividade física resulta em melhor qualidade de vida dos pais (TOSCANO et al., 2018) e qualidade de sono do filho autista (BRAND et al., 2015). Apesar da série de benefícios que podem ser obtidos, os níveis de atividade física entre adultos autistas permanecem baixos. Benson *et al.* (2019) compararam os níveis de PA entre jovens autistas (n = 15) e adultos não autistas (n = 17), usando relato do cuidador.

Quando se fala em inclusão de alunos com autismo nas aulas de Educação Física o desafio é grande. Um estudo concluiu que o programa de atividade física inclusiva de 12 semanas foi um método eficaz para melhorar as habilidades sociais e motoras dos alunos com TEA. Ou seja, todos ganham.

Conclusão

O objetivo deste capítulo é elucidar questões acerca das atividades físicas para pessoas com autismo. Trata-se de uma pesquisa exploratória, que visa investigar as importantes descobertas científicas. Concluímos que exercício e movimento são práticas baseadas em evidências para pessoas com autismo, e que geralmente são utilizados com outras práticas com evidências. As relações familiares são fundamentais no processo de desenvolvimento de crianças, adolescentes e adultos com autismo.

Referências

ALBERS, C. A.; GRIEVE, A. J. *Escalas Bayley de desenvolvimento infantil e infantil* -- terceira edição. San Antonio: Avaliação Harcourt; 2006.

BARAK, S.; OZ, M.; DAGAN, N.; HUTZLER, Y. The Game of Life soccer program: Effect on skills, physical fitness and mobility in persons with intellectual disability and autism spectrum disorder. *J Appl Res Intellect Disabil.* 2019 Nov;32(6):1401-1411. doi: 10.1111/jar.12620. Epub 2019 May 23. PMID: 31124217.

BROWN, T; LALOR, A. The Movement Assessment Battery for Children – 2. ed. (MABC-2): uma revisão e crítica. *Phys Occup Ther Pediatr.* 2009; 29: 86-103. doi: 10.1080 / 01942630802574908.

BRUCE, E. *Medicina Interna:* Marrison. Rio de Janeiro: Guanabara Koogan, 11. ed., 2013.

CARR, J.; SHEPHERD, R. *Reabilitação Neurológica otimizando o desempenho motor.* São Paulo: Manole, 2008.

CHEN, P.; MAO, L.; NASSIS, G. P.; HARMER, P.; AINSWORTH, B. E.; LI, F. 2020. Coronavirus disease (COVID-19): The need to maintain regular physical activity while taking precautions. *Journal of Sport and Health Science*, 9, 103-104. 10.1016/j.jshs.2020.02.001.

Children, Youth, and Young Adults with Autism Evidence-Based Practices for Jessica R. Steinbrenner, Kara Hume, Samuel L. Odom, Kristi L. Morin, Sallie W. Nowell, Brianne Tomaszewski, Susan Szendrey, Nancy S. McIntyre, Şerife Yücesoy-Özkan, & Melissa N. Savage. 2020.

DIETZ, J. C.; DEBORAH KARTIN, K. K. Revisão do Teste de Proficiência Motora de Bruininks-Oseretsky. 2.ed. (BOT2). *Phys Occup Ther Pediatr.* 2009; 27: 87–102. doi: 10.1080 / J006v27n04_06.

FANG, Q.; AIKEN, C. A.; FANG, C.; PAN, Z. Effects of Exergaming on Physical and Cognitive Functions in Individuals with Autism Spectrum Disorder: A Systematic Review. *Games Health J.* 2019 Apr;8(2):74-84. doi: 10.1089/g4h.2018.0032. Epub 2018 Oct 17. PMID: 30332294.

FITTIPALDI-WERT, Jeanine; MOWLING, Claire M. Using Visual Supports for Students with Autism in Physical Education. *Journal of Physical Education, Recreation & Dance (JOPERD)*, v. 80 n. 2 p. 39-43 Feb 2009.

FÓLIO, M. R.; FEWELL, R. R. *Peabody Developmental Motor Scales Examiner's Manual*. 2. Austin: TX Pro-Ed; 2000.

GABIS, L. V.;, ATTIA, O. L.; ROTH-HANANIA, R.; FOSS-FEIG, J. Motor delay - An early and more common "red flag" in girls rather than boys with autism spectrum disorder. *Res Dev Disabil.* 2020 Sep;104:103702. doi: 10.1016/j.ridd.2020.103702. Epub 2020 Jun 20. PMID: 32570001.

GREENE M. M.; PATRA, K.; NELSON, M. N.; SILVESTRI, J. M. *Avaliando bebês prematuros com o Bayley-III*: padrões e correlatos de desenvolvimento. 2012.

HAWKS, Z.; CONSTANTINO, J. N.; WEICHSELBAUM, C.; MARRUS, N. Accelerating Motor Skill Acquisition for Bicycle Riding in Children with ASD: A Pilot Study. *J Autism Dev Disord.* 2020 Jan;50(1):342-348. doi: 10.1007/s10803-019-04224-5. PMID: 31535342; PMCID: PMC6949415.

JADDOE, V. W.; VAN DUIJN, C. M.; FRANCO, O. H.; VAN DER HEIJDEN AJ, VAN IIZENDOORN, M. H.; DE JONGSTE, J. C.; HOFMAN, A. The Generation R Study: design and cohort update 2012. *European Journal of Epidemiology.* 2012;27(9):739-756.

KERN, J. K.; GEIER, D. A.; ADAMS, J. B.; TROUTMAN, M. R.; DAVIS, G.; KING, P. G., et al. Gravidade do autismo e força muscular: uma análise de correlação. *Res Autism Spectr Disord* 5: 1011–1015, 2011.

KIM, H; CARLSON, A. G.; CURBY, T. W.; WINSLER, A. Relações entre habilidades motoras, sociais e cognitivas em crianças do pré-jardim de infância com deficiências de desenvolvimento. *Res Dev Disabil.* 2016; 53-54: 43–60.

LANG, R.; KOEGEL, L. K.; ASHBAUGH, K.; REGESTER, A.; ENCE, W.; SMITH, W. 2010. Physical exercise and individuals with autism spectrum disorder: A systematic review. *Research in Autism Spectrum Disorders*, 4, 565–576. 10.1016/j.rasd.2010.01.006.

LeGOFF, D. B.; SHERMAN, M. Long-term outcome of social skills intervention based on interactive LEGO© play. *Autism*, 2006;10, 317–329.

LINKE . A. C.; KINNEAR, M. K.; KOHLI, J. S.; FONG, C. H.; LINCOLN, A. J.; CARPER, R. A.; MÜLLER, R. A. Impaired motor skills and atypical functional connectivity of the sensorimotor system in 40- to 65-year-old adults with autism spectrum disorders. *Neurobiol*

Aging. 2020 Jan;85:104-112. doi: 10.1016/j.neurobiolaging.2019.09.018. Epub 2019 Sep 27. PMID: 31732217; PMCID: PMC6948185.

MIRANDA, D. B. P. A. de. *Programa específico de natação para crianças autistas.* 2011. 89 f. Dissertação de mestrado. Escola Superior de educação Almeida Garrett, 2011.

MULLEN, EM. Escalas de Mullen de aprendizagem precoce: edição AGS. *Am Guid Serv.* 1995; 18.

NARZISI, A. 2020. Handle the autism spectrum condition during Coronavirus (COVID-19) stay at home period: Ten tips for helping parents and caregivers of young children. *Brain Sciences,* 10, 207-204.

RADHAKRISHNA, S. Application of integrated yoga therapy to increase imitation skills in children with autism spectrum disorder. *Int J Yoga.* 2010 Jan;3(1):26-30. doi: 10.4103/0973-6131.66775. PMID: 20948898; PMCID: PMC2952122.

SANSI, A.; NALBANT, S.; OZER, D. Effects of an Inclusive Physical Activity Program on the Motor Skills, Social Skills and Attitudes of Students with and without Autism Spectrum Disorder. *J Autism Dev Disord.* 2020 Sep 17. doi: 10.1007/s10803-020-04693-z. Epub ahead of print. PMID: 32940823.

SARABZADEH, M.; AZARI, B. B.; HELALIZADEH, M. The effect of six weeks of Tai Chi Chuan training on the motor skills of children with Autism Spectrum Disorder. *J Bodyw Mov Ther.* 2019 Apr;23(2):284-290. doi: 10.1016/j.jbmt.2019.01.007. Epub 2019 Jan 28. PMID: 31103109.

SPRATT, E.; MERCER, M. A.; GRIMES, A.; *et al.* Traduzindo os benefícios do exercício na depressão para jovens com transtorno do espectro do autismo e transtornos do neurodesenvolvimento. *J Psychol Psychiatr.* 2018; 2: 109.

7

CRITÉRIOS DIAGNÓSTICOS PARA O TRANSTORNO DO ESPECTRO AUTISTA

Neste capítulo, mostraremos como identificar os sinais e diagnosticar precocemente o Transtorno do Espectro Autista (com base nos critérios do Manual Diagnóstico e Estatístico de Transtornos Mentais 5ª edição – DSM-5), a fim de exaltar a importância das intervenções precoces para um melhor desenvolvimento e qualidade de vida de pessoas que estão no espectro autista e de suas famílias.

DEBORAH KERCHES

Deborah Kerches

Dra. Deborah Kerches, CRM 102717-SP RQE 23262-1, é neuropediatra especialista em Transtorno do Espectro Autista, com título de especialista em Neuropediatria e Pediatria; autora do livro best-seller *Compreender e acolher: transtorno do espectro autista na infância e adolescência*; coordenadora e professora de pós-graduações do CBI of Miami; conselheira profissional da REUNIDA (Rede Unificada pelo Autismo); pós-graduada em Preceptoria em Residência Médica no SUS pelo Instituto de Ensino e Pesquisa do Hospital Sírio-Libanês; membro da Sociedade Brasileira de Neuropediatria; membro da Associação Brasileira de Neurologia e Psiquiatria Infantil (ABENEPI); membro da Academia Brasileira de Neurologia; membro da Associação Francesa La cause des bébés e membro da Sociedade Brasileira de Cefaleia.

Contatos
www.dradeborahkerches.com.br
contato@dradeborahkerches.com.br
Instagram: @dradeborahkerches

O Transtorno do Espectro Autista (TEA) é uma condição do neurodesenvolvimento, de início precoce, caracterizado por déficits persistentes na comunicação e interação social associados a padrões restritos e repetitivos de comportamentos, interesses e atividades. Há alterações cerebrais que se desenvolvem desde os primeiros processos da formação, ainda intraútero, podendo ocorrer em níveis estrutural e funcional, especialmente relacionadas ao excesso e desorganização de neurônios e conexões cerebrais envolvendo todas as áreas do desenvolvimento. Ao nascimento, o cérebro de uma pessoa com TEA muitas vezes já é hiperexcitado e mais imaturo, com prejuízos em habilidades como imitação, prejudicando oportunidades de aprendizado desde cedo e dificultando a especialização neuronal. Um desequilíbrio entre os sistemas excitatório e inibitório, com predomínio do primeiro, também se relaciona aos mecanismos neurobiológicos do TEA. Trata-se de um cérebro que costuma estar "sempre em alerta". Quando compreendemos esse mecanismo, podemos entender que a agitação e todo o comportamento em "exagero" frequentemente observado estão relacionados com essa hiperexcitabilidade cerebral, associada, em grande parte das vezes, a alterações no processamento sensorial.

Sinais de alerta

A identificação precoce dos sinais permite intervenções também precoces. É essencial conhecer alguns sinais de alerta para o TEA que podem ser notados já nos dois primeiros anos de vida:

- Prejuízos no contato visual podendo ser observados já nos primeiros meses, como quando a mãe está amamentando o bebê e este não olha em seus olhos;
- 2 a 4 meses: ausência do sorriso social;
- 4 meses: ausência de reação antecipatória (levantar os braços para ser carregado);

- 6 meses: poucas expressões faciais, não fazer o primeiro balbucio, não responder ao ser chamado pelo nome ou demonstrar afeto por pessoas familiares;
- 9 meses: não fazer trocas de turno comunicativas, não balbuciar, apresentar imitação pobre, não olhar para onde apontam ou, quando chamado pelo nome, não responder às tentativas de interação;
- 12 meses: não falar ao menos duas palavras com função (como mamãe e papai), ausência de atenção compartilhada, não brincar de modo funcional, não entender e seguir comandos; déficits nos comportamentos não verbais (como não dar tchau, apontar ou mandar beijos);
- 18 meses: não falar pelo menos seis palavras com função, não saber partes do corpo, não responder em reciprocidade;
- 2 anos: não elaborar frases simples de duas palavras, não brincar de modo simbólico (faz de conta).

Em qualquer idade, perder habilidades já adquiridas, comportamentos rígidos, restritos e repetitivos e prejuízos sociais são sinais de alerta.

Diagnóstico

O TEA tem início precoce, isto é, algumas crianças já apresentarão características nos primeiros meses de vida. Outras podem ter um período de desenvolvimento dentro ou próximo do esperado e, após, perder habilidades. Em casos mais funcionais, pode ocorrer de os sintomas serem tão sutis ou mascarados por estratégias sociais aprendidas que só se tornam mais evidentes com o aumento das demandas sociais. Em todas as situações, deve estar claro que as características já estavam presentes na primeira infância, antes dos 3 anos (ainda que o diagnóstico seja tardio), e que existe prejuízo social.

O TEA é mais frequente no sexo masculino, em prevalência estimada de uma menina para quatro meninos. Atualmente, a comunidade científica estuda a necessidade de critérios mais específicos para o diagnóstico em meninas, já que o cérebro feminino apresenta maior capacidade para habilidades sociais e empatia, além de menor tendência a comportamentos externalizantes, como agitação e agressividade. Sintomas mais leves do TEA em meninas podem acabar sendo mascarados, levando a diagnósticos mais tardios, geralmente quando as demandas sociais são mais exigidas. Vale reforçar, porém, que os critérios diagnósticos são os mesmos para ambos os sexos.

As características nucleares do TEA estão relacionadas com prejuízos persistentes na comunicação e interação social e padrões de comportamentos, interesses e atividades restritos e repetitivos.

Embora não façam parte dos critérios diagnósticos, alterações motoras são encontradas em até 79% das crianças com TEA e podem somar prejuízos ao desenvolvimento.

O diagnóstico do TEA é clínico, realizado por meio da observação dos comportamentos e desenvolvimento da criança nos mais diversos contextos sociais, associado a informações de pais e cuidadores. Hoje, utilizamos como referência os critérios diagnósticos para TEA do Manual Diagnóstico e Estatístico de Transtornos Mentais (DSM-5), da Associação Americana de Psiquiatria. A quinta e última revisão desse Manual, em 2013, unificou todos os quadros com características do autismo em uma única nomenclatura, Transtorno do Espectro Autista.

Ainda não há marcadores biológicos e exames específicos que confirmem o diagnóstico. São usadas, na infância, escalas padronizadas para o rastreio de comportamentos de risco para o TEA, das quais podemos citar a M-CHAT (*Modified Checklist for Autism in Toddlers*) e a CARS (*Childhood Autism Rating Scale*); porém, essas não são suficientes para confirmar ou excluir o diagnóstico.

De acordo com o DSM-5, seguem os prejuízos encontrados no TEA:

(A) Déficits persistentes na comunicação social e na interação social

Os três critérios a seguir necessariamente devem estar presentes:

1. Déficits na reciprocidade socioemocional:

Podem ser observados em relação a dificuldades em compartilhar brincadeiras, interesses, emoções e afeto; em iniciar, compreender ou responder a interações sociais, tanto para fazer amigos como para se relacionar amorosamente.

2. Déficits nos comportamentos comunicativos não verbais para interação social que envolvem:

Déficits na comunicação não verbal, como prejuízos na qualidade do contato visual (que é uma importante via para a comunicação, relações sociais e interpessoais, experiências e aprendizado); prejuízos em compreender e usar gestos e expressões com função comunicativa; ausência de expressões faciais e dificuldade em compreendê-las no outro.

Déficits na comunicação verbal, como atrasos na aquisição da fala, o que costuma ser, na maioria dos casos, o motivo pelo qual os pais se preocupam e procuram por um especialista; ausência de atrasos na aquisição de fala, mas esta apresentando particularidades, como repertório extenso sobre assuntos de interesse, vocabulário rebuscado, alteração de prosódia, vocabulário repetitivo e monótono; inversão pronominal; uso de palavras ou frases pouco usuais e/ou fora do contexto; inabilidade em iniciar ou manter um diálogo, mesmo no caso de fala estruturada. Algumas crianças começam a falar algumas palavras, mas, por volta dos 15 a 36 meses, perdem essa habilidade. A dificuldade em contextualizar a fala dificulta também, por exemplo, a compreensão do sentido figurado e de piadas — habilidades importantes principalmente em contextos sociais.

3. Déficits para desenvolver, manter e compreender relacionamentos, como:

Dificuldade em adequar seu comportamento de acordo com o contexto social; em compartilhar brincadeiras de faz de conta, o que afeta diretamente a capacidade de fazer amizades; ausência ou pouco interesse pelos pares; dificuldade em adequar a forma de falar e de interagir com o outro, levando em conta o grau de intimidade existente e/ou a circunstância.

A habilidade de se comunicar e interagir socialmente leva em consideração várias competências que estão comprometidas no TEA, como:

• Teoria da mente: que se refere à capacidade em considerar os próprios estados mentais e os das outras pessoas, com a finalidade de compreender e predizer comportamentos e pensamentos do outro, por meio, por exemplo, de suas expressões, ações e jeito de falar. Tal habilidade é extremamente necessária nas mais diversas situações sociais, sendo pré-requisito para padrões de interação social, desenvolvimento de jogo simbólico, entre outros pontos.

• Teoria da coerência central: está relacionada à capacidade de processar informações de partes, integrando-as em um contexto com significado. No TEA, há prejuízos nessa habilidade, resultando em processamento centrado nos detalhes em detrimento do todo, o que dificulta, por exemplo, a compreensão da função de um objeto ou brinquedo diante de um contexto.

• Funções executivas: estudos têm mostrado que, no TEA, há déficits atencionais, no controle inibitório, planejamento de tarefas, em monitorar ações, encontrar caminhos diferentes para a resolução de problemas imediatos e na flexibilidade cognitiva.

- Linguagem receptiva: está relacionada com a capacidade de compreender o que se ouve e lê, para, então, conseguir se comunicar em resposta, de maneira verbal ou não verbal.
- Linguagem expressiva: diz respeito à habilidade de se expressar, verbalmente ou não, após adquirir a capacidade de compreender o que se ouve associado a conceitos sociais.

No TEA, a compreensão e a linguagem pragmática (uso da linguagem nos mais diferentes contextos sociais) estão sempre comprometidas, em maior ou menor grau.

(B) Padrões restritos e repetitivos de comportamentos, interesses ou atividades

Prevê que sejam identificados pelo menos dois dos seguintes padrões:

1. Movimentos motores, uso de objeto e/ou fala de forma repetitiva ou estereotipada, como:

Alinhar, categorizar ou girar brinquedos/objetos; ecolalia (repetição de sílabas, palavras ou frases de maneira imediata ou tardia); estereotipias (ações repetitivas e frequentemente ritmadas, que podem ser vocais ou motoras).

As estereotipias no TEA costumam se apresentar em situações de ociosidade, excesso de estímulos sensoriais, extrema excitação, assim como em situações de frustração, mudanças de rotina, sendo uma forma de autorregulação ou autoestimulação.

2. Insistência na mesmice, adesão inflexível a rotinas, padrões rígidos e roteirizados de comportamentos e pensamentos, como:

Necessidade de ingerir os mesmos alimentos, vestir as mesmas roupas, fazer o mesmo caminho; dificuldades em alternar brincadeiras, aceitar demandas que não são do interesse, aceitar o "não", lidar com o novo.

3. Interesses fixos e restritos que são anormais em intensidade ou foco, como:

Apego excessivo a objetos ou pessoas; hiperfoco (forma intensa e sustentada de concentração em algo que seja um interesse restrito).

4. Hiper ou hiporreatividade a estímulos sensoriais ou interesse incomum por aspectos sensoriais do ambiente (incluídos no DSM-5):

Pessoas com TEA apresentam, de maneira mais ou menos intensa, alterações na forma como respondem aos estímulos do ambiente em uma ou mais entradas sensoriais (audição, olfato, tato, paladar, propriocepção e sistema vestibular), que podem ser observadas já com meses de vida. Exemplos: indiferença à dor; aversão ao toque ou necessidade de toque mais profundo; aversão a determinados odores, texturas, paladar e/ou percepção visual; necessidade de cheirar, tocar ou levar à boca; alteração de equilíbrio; andar de um lado para o outro (busca sensorial). Seletividade alimentar e marcha na ponta dos pés podem ser consequentes de alterações sensoriais.

Níveis de gravidade

- Nível 1 – há bom funcionamento com apoio. Sem apoio, os desafios na comunicação e interação social, assim como comportamentais, podem causar prejuízos notáveis. Não há atrasos cognitivos/intelectuais e de aquisição de fala significativos. O quoeficiente intelectual (QI) deve estar acima de 70.
- Nível 2 – exige apoio substancial; porém, há prejuízos sociais aparentes mesmo na presença de apoio. Pode haver deficiência intelectual associada.
- Nível 3 – exige apoio muito substancial e, ainda assim, existem graves prejuízos no funcionamento. Apresentam déficits graves nas habilidades de comunicação social, verbal e não verbal. Geralmente há associação com deficiência intelectual, comorbidades (outras condições associadas) e dificuldades para atividades básicas de vida diária (DSM-5. APA, 2013).

É importante ressaltar que, mesmo dentro dos níveis de gravidade, ainda existem infinitas possibilidades sintomatológicas.

Nem todas as crianças com TEA apresentarão todos os sintomas e de maneira clara. Na suspeita, a criança deve ser avaliada por especialista, sendo sempre orientada a intervenção precoce, mesmo antes do diagnóstico fechado.

Tratamento

A intervenção precoce, especializada e intensiva é determinante para o desenvolvimento pleno de capacidades, autonomia, independência e qualidade de vida.

O que temos com maior embasamento científico para o tratamento no TEA são técnicas comportamentais baseadas na análise do comportamento aplicada (ABA) associadas a outras multidisciplinares, de acordo com a necessidade e potencialidade de cada pessoa. Vale ficar atento a comorbidades, frequentes no TEA, que podem somar prejuízos e devem ser tratadas.

É de extrema importância ainda a capacitação de pais e professores no sentido de potencializar o desenvolvimento das crianças.

Referências

AMERICAN PSYCHIATRIC ASSOCIATION. *Diagnostic and statistical manual of mental disorders* (DSM-5). 5 ed. Washington, DC: American Psychiatric Association, 2013.

AYRES, A. J. *Sensory integration and the child*. Los Angeles, CA: Western Psychological Services, 2013.

BARBARESI, W. J. The meaning of "regression" in children with autism spectrum disorder: why does it matter? *J. Dev. Behav. Pediatr.* v. 37, n. 6, p. 506-507, 2016.

BARON-COHEN, Simon; FRITH, Uta; LESLIE, Alan. Does the autistic child have a 'theory of mind'? *Cognition*, v. 21, p. 37-46, 1985.

CENTERS for Disease Control and Prevention. *Autism Prevalence Rises in Communities Monitored*. Disponível em: <https://www.cdc.gov/media/releases/2020/p0326-autism-prevalence-rises.html>. Acesso em: 01 de mar. de 2020.

GRANDIN, T.; PANEK, R. *O cérebro autista pensando através do espectro*. Rio de Janeiro: Editora Record, 2015.

HAZEN, E. P. *et al.* Sensory Symptoms in autism spectrum disorders. *Harvard Review of Psychiatry*. v. 22, n. 2, p. 112-124, Mar./Apr. 2014.

KANNER, L. Autistic disturbances of affective contact. *Nervous Child*, n. 2, p. 217-250, 1943.

LORD, C. *et al.* Autism spectrum. *Lancet*, n. 392, p. 508-520, 2018.

LOVAAS, O. I. Behavioral treatment and normal educational and intellectual functioning in young autistic children. *Journal of Consulting & Clinical Psychology*, v. 55, p. 3-9, 1987.

MACHADO, A. C.; BELLO, S. F. Habilidades sociocomunicativas e de atenção compartilhada em bebês típicos da primeira infância. *Rev. Psicopedag.* São Paulo, v. 32, n. 98, 2015.

MATSON J. L.; GOLDIN R. Comorbidity and autism: trends, topics and future directions. *Res. Autism Spect Dis.* v. 7, p. 1228-33, 2013.

SCHWARTZMAN, J. S.; ARAÚJO, C. A. de. *Transtornos do espectro do autismo* – TEA. São Paulo: Memnon, 2011. p. 278-296.

8

ACOMPANHANTE TERAPÊUTICO ESCOLAR E A PARCERIA DA FAMÍLIA

Este capítulo mostra um olhar mais empático e diferenciado sobre as demandas que a família enfrenta com a inclusão escolar, a sobrecarga mental, cuidar de quem cuida e a importância de investir em ações para bem-estar e qualidade de vida. Além disso, ressalta a relevância de práticas baseadas em evidência científica na educação, criando redes de apoio a fim de trabalhar na prevenção e no desenvolvimento de políticas públicas voltadas para essa temática. Inclusão não é favor, é direito!

ELAINE MIRANDA

Elaine Miranda

Pedagoga, psicopedagoga clínica e institucional, neuropsicopedagoga, pós-graduada em Psicopedagogia clínica e institucional, Neuropsicopedagogia, Gestão Escolar, Educação Especial e Inclusiva, Autismo, Deficiência Intelectual, Análise do Comportamento Aplicada (ABA), Intervenção Precoce e Treinamento Profissional. Terapeuta do Modelo Denver, Instituto Farol de Autismo e Inovação. Acompanhante terapêutica e supervisora. Ministra treinamento parental. Idealizadora do Grupo de Apoio às Mães de Crianças com Autismo. Coautora de livros sobre saúde mental e emocional da mulher, inclusão social, dependência química e esperança para os que a perderam.

Contatos
Instagram: @intervencaoprecoceintensiva
Facebook: Elaine Miranda

O acompanhante terapêutico (AT) é um profissional qualificado para intervir no ambiente do paciente, buscando proporcionar melhor qualidade de vida. O acompanhamento terapêutico oferece atendimento diferenciado, pois ocorre no local em que as contingências se estabelecem, onde cria relações com o meio. Acompanhamento terapêutico é uma modalidade de intervenção psicossocial realizada em ambiente extraconsultório.

AT não é cuidador e análise do comportamento aplicada (ABA) não é método, é ciência.

O AT proporciona qualidade de vida ao indivíduo

No final da década de 1960, na Europa, iniciou-se o movimento da antipsiquiatria, passando por um modelo ligado à reforma psiquiátrica e à luta antimanicomial. Existe uma ampla atuação em diversas áreas da saúde, contemplando todas as faixas etárias, deixando claro que o AT não colabora só com o transtorno do espectro autista (TEA), mas atende a outras demandas em casos de transtornos psiquiátricos, como transtorno de ansiedade, transtorno obsessivo-compulsivo, pânico, fobias, depressão, transtorno bipolar, esquizofrenia, psicose, dependência química, entre outros. O trabalho do acompanhante terapêutico (AT) surgiu como uma necessidade para pacientes que obtiveram pouco sucesso só com as intervenções clínicas tradicionais em consultório. Essa prática, cada dia mais, é utilizada no processo de inclusão de crianças e adolescentes com autismo, pois é um trabalho complementar ao realizado em consultório.

Etapas para o encaminhamento ao AT:

- avaliação funcional;
- formulação do caso;
- intervenção; e
- avaliação constante dos resultados.

O AT na escola

Nesse âmbito, o AT tem a oportunidade de fazer parte do cenário aluno/ambiente natural. Sua presença torna as possibilidades de interação mais ricas e variadas, pois as consequências que selecionam o comportamento do aluno estão dispostas em um contexto natural com o qual ele deverá interagir. O AT tem como propósito realizar uma conexão da inclusão escolar com uma prática facilitadora na inserção do aluno em uma sala regular, oferecendo suporte necessário para esse educando em um ambiente natural onde as contingências acontecem. A escola é o principal ambiente social da criança, onde ela passa várias horas do dia e com uma quantidade de amigos que não consegue em outro lugar. A escola deve ser vista por um AT como uma clínica aberta, pois traz inúmeras oportunidades de aprendizagem. Muitas vezes, as crianças são vistas isoladas em um canto da sala, usando objetos de forma disfuncional. Os professores mostram bastante interesse em ensinar as crianças com autismo, mas sabemos que, muitas vezes, não é simples e precisam de técnica para isso. O trabalho em equipe é essencial, toda equipe gestora (coordenador e diretor) deve estar alinhada com os objetivos referentes à demanda do aluno, além de estar em comunicação com os profissionais que o atendem (escola vs. família vs. terapeutas).

Independência nas demandas escolares

O aluno com TEA, tal como qualquer outro, tem objetivos a alcançar na escola. O AT organiza o modo como esses objetivos serão apresentados ao educando, desenvolvendo-os para que ele compreenda o que está realizando e consiga produzir o que for solicitado da forma mais independente possível. É necessário ensinar a criança a brincar de maneira funcional, o que envolve o bloqueio do comportamento sem função e o reforço diferencial de comportamentos mais adequados. É preciso estabelecer comunicação com o professor, mas respeitando sua autoridade. O trabalho na escola ajuda a promover a autonomia do indivíduo, proporcionando melhora na qualidade de vida, organização e planejamento mental, permitindo aquisições e ampliação das habilidades e interações sociais das crianças, também auxilia nas rotinas diárias em ambientes como escolas, clubes e na própria casa, gera autoconhecimento e maior autonomia, dando possibilidade de desenvolver o potencial do indivíduo.

> É papel do acompanhante terapêutico ajudar o paciente a compreender as regras sociais e oferecer ferramentas para

expressar de forma adequada seus sentimentos e emoções. Também é necessário o acompanhante terapêutico oferecer um trabalho psicoeducacional, orientando professores e familiares para que saibam acolher e oferecer às crianças e adolescentes um ambiente saudável.

O trabalho do AT é imprescindível

Os alunos que apresentam alguma dificuldade de aprendizagem tornam o trabalho do AT imprescindível no âmbito escolar. Seu papel é o de estimular a capacidade e a autonomia do aluno, promover ações e aquisições de conhecimentos, habilidades e atitudes que possam desenvolver a aprendizagem. Com ajuda do AT, o cliente é encorajado a iniciar um contato com o mundo, fazer amigos e participar de atividades sociais. A prática do AT é uma atividade que pode propiciar maior mobilidade e uma aproximação do universo do cliente com o das demais pessoas. Essa prática pretende oferecer ao indivíduo a possibilidade de transitar por diferentes dimensões da vida, em um movimento de transformação e crescimento. Ele auxilia no processo da coleta de dados, na aplicação de técnicas e no manejo de contingências de acordo com a necessidade observada pelos responsáveis pelo atendimento com foco comportamental, além de enfatizar que o processo de generalização dos comportamentos funcionais e desejáveis seja intensificado, para que ocorra em casa, na escola, ou em qualquer outro ambiente. Vale lembrar que todo AT precisa de supervisão com o analista do comportamento responsável pelo plano de intervenção, que determina a quantidade de horas necessária, pois a avaliação e o plano terapêutico são individuais.

Práticas baseadas em evidência científica na educação

Análise do comportamento aplicada

Análise do comportamento aplicada (ABA, do inglês *Applied Behavior Analysis*) é uma ciência com quase um século de estudos. É a ciência do aprendizado, e tem obtido inúmeros resultados nas intervenções em casos de crianças com desenvolvimento atípico, seja autismo ou em outros tipos de problemas que possam gerar atrasos no desenvolvimento. Nos Estados Unidos, a intervenção em ABA chega a atingir a média de 40 horas semanais de trabalho. Nesse contexto, o desenvolvimento das intervenções se estabelece em casa, mas também em ambiente natural, como a escola. O Brasil, no entanto, está um passo atrás quando comparado a outros países. Não tendo o modelo ABA de trabalho tão atuante, muitas vezes o AT é visto com "outros olhos", o que faz com que a inserção desse profissional gere desconforto e estranhamento pelos gestores escolares. A ideia é que o AT seja um coadjuvante, dando suporte necessário para que os objetivos escolares sejam alcançados, ou seja, que os alunos inseridos dentro do espectro do autismo possam desenvolver a independência dentro da sala de aula e em todo o ambiente que compõe a escola. O foco principal é que essa habilidade seja realizada em qualquer contexto. Para isso, é necessário treinar o AT na aplicação de procedimentos de controle comportamental. As variações comportamentais devem estar em equilíbrio, ou seja, comportamentos-problema devem ser reduzidos ou extintos e aqueles socialmente aceitos devem ser incentivados.

É papel do acompanhante terapêutico ajudar o paciente a compreender as regras sociais e oferecer ferramentas para expressar de forma adequada seus sentimentos e emoções. Também é necessário o acompanhante terapêutico oferecer um trabalho piscoeducacional, orientando professores e familiares para que saibam acolher e oferecer a crianças e adolescentes um ambiente saudável. Sabemos que nem todos os alunos que precisam de um AT podem se beneficiar desse atendimento prestado no contexto escolar, mas por meio de políticas públicas isso é possível. As crianças vão à escola para aprender, e não somente para socializar, como muitos ainda pensam. Para isso, é importante que os municípios proporcionem aos profissionais da Educação capacitação com práticas baseadas em evidência científica, pois as prefeituras contam com o profissional ADI (auxiliar de desenvolvimento infantil). Esse profissional fica oito horas no trabalho e, se bem treinado e supervisionado pela equipe de AEE (atendimento educacional especializado), com certeza fará a diferença na vida do aluno. As prefeituras ainda continuam levando aos professores palestras motivacionais. Tudo bem que o professor precisa sim estar motivado para enfrentar a sala de aula, além, é claro, do reconhecimento e valorização, amor e empatia, mas quando o assunto é sobre inclusão o primordial é a técnica. Há excelentes professores, mas é preciso sair do discurso pronto e avançar para que as crianças possam se desenvolver em seu pleno potencial. É importante criar políticas públicas para iniciar o trabalho com base científica, proporcionando, assim, melhor qualidade de vida, pois é ilusão pensar que o aluno vai à escola somente para socializar. Ele vai para aprender e assim, é claro, trabalha as habilidades sociais que o próprio contexto em que está inserido oferece.

O AT e a família

A família no processo terapêutico é primordial, nada acontece sem a figura dos pais. Então, empoderá-los com a técnica e manejo de comportamento é uma necessidade, pois terapeutas são transitórios na vida dos pacientes; já os pais são por toda a vida. Os pais são coterapeutas de seus filhos, portanto é de extrema importância e urgência o treinamento parental, ou seja, empoderar os pais com as técnicas que a ciência ABA proporciona.

Saber como estimular seus filhos em casa é um dos recursos mais importantes para o progresso de uma criança e da parceria que se estabelece com os pais. Eles ficam a maior parte do tempo com as crianças. É necessário orientação para assim dar continuidade ao processo de estimulação direcionada, comportamento, comunicação, linguagem e o brincar, proporcionando, assim, aprendizagem.

O suporte social é um importante recurso para a família e tem sido visto como um dos fatores-chave para o amortecimento do estresse nas famílias. A troca de informações no nível interpessoal fornece suporte emocional e um senso de pertencer a uma rede social na qual operam a comunicação e a compreensão mútua. Os profissionais que trabalham com essas famílias podem auxiliá-las a avaliar tanto os fatores de estresse quanto os recursos para solucionar problemas.

Treinamento parental

Em que consiste o treinamento de pais?

O treinamento tem esse nome por ser um processo que ajuda os pais em sua vivência e desafios diários, utilizando estratégias diferentes e mais assertivas para a sua demanda. Mudar requer treino, por isso o treinamento, pois são estratégias de ensino que podem ser aplicadas no cotidiano das crianças em casa, trabalhando o desenvolvimento de habilidades do seu filho, e não somente dele, mas das habilidades enquanto pais, oportunidades de aprendizagem, manejo de comportamentos, comunicação verbal e não verbal, treino de AVDs, organização da rotina de escala de apoio e habilidades sociais, contribuindo para o processo de generalização. O treinamento é de extrema importância para um relacionamento significativo e essencial para melhor qualidade de vida da sua família. Desenvolvo esse trabalho com os pais e o que mais eu ouço deles é que assistindo a vídeos e lendo nos livros e até em cursos a teoria é fácil, agora a prática com a criança é totalmente diferente. Existe a técnica, a ciência, mas não há receita mágica na hora da intervenção, pois cada criança é única e com demandas diferentes. Realizo o treinamento para os pais que não têm condições financeiras de maneira voluntária em alguns dos grupos que coordeno. Levo comigo a frase do dr. Carlos Gadia que me impactou: "Se tem uma hora de terapia, treine os pais". Mamãe, quero te dizer: você é suficiente!

Referências

DUARTE, K. B. *Ética e técnica no acompanhamento terapêutico.* Editora Unimarco, 2000.

LONDERO *et al.* (org.). *Acompanhamento terapêutico*: teoria e técnica na terapia comportamental e cognitivo-comportamental. São Paulo: Santos, 2010.

ROGERS, Sally J.; DAWSON, Geraldine; VISMARA, Laurie A. *Autismo: comprender e agir em família.* Editora Lidel, 2015.

ZAMIGNANI, D. *et al. A clínica de portas abertas.* Núcleo Paradigma, 2013.

9

ATRASO DE DESENVOLVIMENTO DE LINGUAGEM E FATORES CAUSAIS

Neste capítulo o leitor terá a oportunidade de conhecer sobre atraso de linguagem e quais fatores interferem nele, quais profissionais buscar em caso de dúvidas e quais as possíveis condutas. O desenvolvimento de linguagem é complexo e fatores diversos podem interferir na evolução natural da criança, sendo o objetivo deste capítulo elucidá-los.

FERNANDA DINIZ DE OLIVEIRA CAMPOS

Fernanda Diniz de Oliveira Campos

Fonoaudióloga clínica, formada pela Universidade de Mogi das Cruzes (UMC) em 2002. Pós-graduação em Fonoaudiologia hospitalar. Formação em Terapia de Troca e Desenvolvimento (TED) níveis 1 e 2. Formação em Conceitos Básicos da Análise do Comportamento Aplicada (ABA). Formação em *Kinesio Taping* e Eletroestimulação. Formação em PECS e modelo TEACCH. Fonoterapeuta clínica com foco em neurodesenvolvimento. Fonoaudióloga da Apae de Mogi das Cruzes durante 17 anos. Experiência na área de educação especial, tanto no atendimento como na orientação de famílias e escolas.

Contatos
fedinizcampos@hotmail.com
11 98129-3756

Muito se questiona sobre a adaptação da criança ao ambiente escolar quando ela apresenta atraso de desenvolvimento de linguagem. Se será compreendida pelos outros, se haverá inclusão nas atividades etc.

Essas questões são pertinentes e muito comuns nos âmbitos familiar e terapêutico. Porém, para melhor respondê-las, vamos traçar uma linha de desenvolvimento normal, típico, e também as possibilidades para o desenvolvimento atípico.

Diferença entre fala e linguagem

Linguagem é a forma que o indivíduo interage com o meio, é a expressão de ideias e sentimentos por meio de signos. Esses signos podem ser verbais (fala) e não verbais (desenho, grafema, expressão corporal, entre outras manifestações).

A fala é a forma verbal, oral, da linguagem. É a mais comumente utilizada e depende da língua, sistema convencionado de fonemas para melhor comunicação.

Partindo desse pressuposto da diferença entre fala e linguagem, já é possível compreender que a criança em atraso pode interagir com o meio, talvez não pela fala, mas por outros mecanismos.

Desenvolvimento típico de linguagem

A linguagem típica acompanha o desenvolvimento cognitivo e social da criança. Conforme há amadurecimento das funções neurológicas, a linguagem fica mais explícita. A melhor forma de compreender a linguagem da criança é observar o brincar.

O brincar é a forma de a criança se abrir para o mundo. É por meio da brincadeira que a linguagem da criança se manifesta, e assim como todo desenvolvimento infantil ela segue uma estrutura cronológica de fases.

A brincadeira pré-simbólica é a primeira fase, aquela em que o bebê explora os objetos e partes do corpo apenas como satisfação sensório-motora, balança os objetos, coloca na boca, ouve seu som, observa seu movimento. Posteriormente, começa a simbolizar os objetos como em uma imitação, leva o objeto à boca como papa, ao cabelo como pente, à orelha como telefone, faz imitação das próprias atividades de vida diária. Então começam os jogos simbólicos, nos quais a criança passa a simbolizar o outro, bonecos para quem ela dá comida, interage com o carrinho e bate no outro. É nesse momento que a criança passa a perceber a outra pessoa, então começam as trocas. Esse é um ápice para o desenvolvimento propriamente dito da linguagem. Aqui acontece uma maturidade neurológica capaz de eliciar todos os movimentos neurológicos para o desenvolvimento adequado da criança.

Respeitando-se a maturidade neurológica da criança, observa-se uma linearidade no desenvolvimento da linguagem.

Do primeiro ao terceiro mês de vida, a criança presta atenção aos sons e se acalma com a voz da mãe, representa suas necessidades pelo choro, sendo este seu primeiro meio de comunicação. A partir do quarto mês já busca o som (localização da fonte sonora) e começa a balbuciar, imitando uma conversa. A partir do sétimo mês começam as imitações, dar tchau, bater palma, mandar beijo. Aos doze meses aparecem as primeiras palavras, aos dezoito meses já fala em torno de 20 palavras. Aos vinte e quatro meses, produz frases curtas e já fala cerca de duzentas palavras. Aos três anos já é possível entender o que a criança quer e sua comunicação está mais efetiva.

Assim, de zero aos 3 anos a linguagem evolui junto com as funções neurológicas. A criança começa a adquirir equilíbrio motor, organização espacial, organização de marcha, sequência motora, percepção corporal e, concomitante a esse desenvolvimento neuropsicomotor, desenvolve-se também a linguagem. A criança se comunica e se expressa conforme suas habilidades neuropsicomotoras lhe permitem, existe uma relação única entre o motor, o pensamento, a relação com o meio, a necessidade de se expressar e o desenvolvimento da linguagem. A família e o meio social, incluindo a escola, são partes importantes dessa relação, não há interesse em se comunicar se não houver o outro para trocar. A relação locutor e interlocutor é o gatilho para o desenvolvimento da linguagem.

Desordens de linguagem

Denomina-se desordem qualquer alteração no desenvolvimento normal de linguagem do indivíduo.

88 | Educação inclusiva e a parceria da família

Alguns fatores são causadores de tais desordens. Podem agir sozinhos ou associados a outros, assim acarretando uma maior gravidade e pior prognóstico no desenvolvimento da linguagem.

Audição

As perdas auditivas (leve, moderada, severa ou profunda) podem influenciar o desenvolvimento da linguagem por apresentarem uma privação de estímulo direto. Essas perdas podem ser inatas ou desenvolvidas por doenças otológicas. Hoje em dia, a triagem auditiva neonatal (TANU), popularmente conhecida como Teste da Orelhinha, é obrigatória no Brasil, representando grande importância no olhar ao desenvolvimento da criança recém-nascida, possibilitando possíveis intervenções precoces e, assim, minimizando problemas decorrentes de perda auditiva. A reabilitação das perdas auditivas congênitas consiste na indicação e seleção de aparelhos de amplificação sonora individual (AASI), indicação de implante coclear e fonoterapia. Quanto antes a perda auditiva for diagnosticada e quanto antes houver a intervenção necessária, menores serão as consequências no desenvolvimento da linguagem da criança.

Privação de estímulos

A linguagem depende da imitação, da troca, da percepção do outro, da apropriação do jogo simbólico, do desenvolvimento sensorial. Para que todos esses fatores ocorram é imprescindível o envolvimento do indivíduo com o meio em que vive. É esse contato com o meio que vai gerar estímulos suficientes para ativar neurologicamente o desenvolvimento da linguagem do indivíduo. O estímulo é o principal ativador da linguagem. A criança que não é estimulada não tem intenção comunicativa.

Danos neurológicos

Qualquer tipo de disfunção neurológica pode influenciar no desenvolvimento da linguagem da criança. O falar é um ato motor, sensorial e, principalmente, neurológico. Acontece predominantemente no córtex pré-frontal, nas regiões denominadas área de Broca e área de Wernick, sendo, respectivamente, compreensão e expressão de linguagem. Porém, qualquer área afetada do cérebro pode gerar atraso no desenvolvimento por conta das conexões neurológicas em cadeia. Assim, as patologias, como as encefalopatias fixas da infância ou outras desordens neurogênicas, podem ser causadores de atrasos significativos do desenvolvimento da linguagem, tanto de forma direta, com lesões localizadas, ou indireta, como o atraso do desenvolvimento global e suas inabilidades.

Alteração miofuncional

Prejuízos na musculatura orofacial, como hipotonia, apraxias, alteração musculoesquelética por malformação, alteração do quadro respiratório, laringomalácia, traqueomalácia e até mesmo alteração ortodônticas podem causar dificuldade de percepção fonêmica do ponto articulatório, ou seja, o ponto em que os órgãos fonoarticulatórios, como boca, língua, dente e palato, se encontram para articulação do som, gerando, assim, inabilidade de produção articulatória e automação da fala da criança.

Autismo

A criança autista, independentemente do grau, desde o mais leve ao mais severo, apresenta habilidade limitada nas relações interpessoais, tendo, assim, dificuldade de desenvolvimento de linguagem pela não interação com o outro. O atraso de linguagem ou ausência dela nos graus mais severos do autismo são a principal característica desse transtorno, junto às alterações comportamentais. O comportamento da criança dentro do espectro autístico está muito relacionado à forma como a criança se apropria da linguagem.

Processamento auditivo

O processamento auditivo relaciona-se com o desenvolvimento das habilidades auditivas. Estas correspondem à localização da fonte sonora, discriminação auditiva, figura-fundo (atenção a um som mesmo com som competitivo), detecção auditiva (perceber ausência ou presença de som), separação binaural (ouvir dois sons ao mesmo tempo em orelhas diferentes e conseguir distingui-los) e fechamento auditivo (compreender o todo quando as informações vêm em partes). Essas habilidades permitem ao indivíduo compreender o que ouve. São funções do sistema nervoso auditivo central que, quando em atraso, dificultam o desenvolvimento normal da linguagem. Se a criança não compreende, terá dificuldade para se expressar. Até mesmo o *feedback* auditivo, ou seja, o retorno do próprio som produzido abala a expressão de linguagem.

Alteração sensorial

As alterações sensoriais estão completamente relacionadas ao desenvolvimento de linguagem, porque causam dificuldade de percepção de pontos articulatórios. Outro fator intercorrente é a dificuldade de localização e sequência, atributos necessários para boa desenvoltura de linguagem.

Intervenção

O fonoaudiólogo é o profissional capacitado para abordar os atrasos relacionados à linguagem. Sempre frente a uma dificuldade de fala ou expressão, esse profissional deve ser consultado para adequada avaliação e possível intervenção. Porém, como todo profissional de reabilitação, o fonoaudiólogo pode precisar de uma equipe multiprofissional para auxiliar no desenvolvimento das habilidades da criança e, principalmente, para um melhor diagnóstico. Sempre que considerar necessário, serão realizados encaminhamentos para neurologista, pediatra, audiologista, entre outros profissionais, a fim de auxiliarem o fonoaudiólogo na melhor conduta.

A partir do diagnóstico, deve-se traçar as condutas necessárias para o desenvolvimento do atraso de linguagem, principalmente respeitando qual a etiologia desse atraso. O trabalho terapêutico envolve tanto o paciente como família, escola e sociedade. Todos devem estar envolvidos com as adequações e abordagens sugeridas pelo profissional fonoaudiólogo e equipe multiprofissional envolvida. O mais importante é compreender que a linguagem é um processo complexo que depende do envolvimento de todos que fazem parte da vida da criança.

Quando a criança entra em idade escolar, a escola adquire um fator fundamental na estimulação da linguagem, assim todos os profissionais devem estar alinhados.

O ambiente escolar provoca na criança uma sensação de competição, porém é uma competição saudável, em que a criança sai de sua zona de conforto e tem de se esforçar para ser compreendida. Nesse momento, deve haver uma grande sensibilização dos profissionais da educação, junto ao fonoaudiólogo, a fim de compreender o grau de dificuldade dessa criança e possibilitar a ela a participação no grupo.

Muitas crianças em atraso de linguagem podem necessitar de métodos de comunicação suplementar ou alternativa para facilitar sua total inclusão no ambiente escolar. Nesse momento, cabe mais uma vez aos educadores e terapeutas avaliarem sua necessidade e aplicabilidade. As pessoas confundem a aplicabilidade da comunicação suplementar como um inibidor de desenvolvimento de fala, mas na realidade ela entra como mais um objeto de estímulo. Para adaptar-se à comunicação suplementar ou alternativa, há um trabalho de estímulo de linguagem e comunicação que auxilia em todo o desenvolvimento neurológico da criança. Esse desenvolvimento inicial da linguagem deve ser muito acompanhado pela escola, com o intuito de compreender a criança e prevenir futuros problemas relacionados à aprendizagem e aquisição de linguagem escrita.

Considerações finais

A linguagem, apesar de ser algo tão natural no desenvolvimento humano, é extremamente complexa para se desenvolver. Muitos fatores interferem no seu adequado desenvolvimento e qualquer alteração de linguagem pode afetar o desenvolvimento de outras habilidades essenciais para a criança. Principalmente o comportamento e o desenvolvimento de habilidades cognitivas estão relacionados ao bom desenvolvimento da linguagem. Assim, frente a qualquer suspeita de atraso no desenvolvimento da linguagem, o fonoaudiólogo deve ser consultado para, junto à equipe multiprofissional, direcionar as melhores intervenções.

Referências

GARCIA, Luciana; LOPES, Maria Silvia Wuo de Oliveira. *Autismo, práticas e intervenções*. São Paulo: Memnon, 2019. p. 42.

GOMEZ, Ana Maria Salgada; TERÁN, Nora Espinosa. *Transtornos de aprendizagem e autismo*. EU: Cultural, S.A., 2014. p. 441-445.

MACHADO, Sylvia Freitas. *Processamento auditivo, uma nova abordagem*. São Paulo: Plexus, 2003. p.79-89.

ZORZI, Jaime Luiz. *A intervenção fonoaudiológica nas alterações de linguagem*. 2ª ed. Rio de Janeiro: Revinter, 2008. p. 31.

ZORZI, Jaime Luiz. *Falando e escrevendo, desenvolvimento e distúrbios da linguagem oral e escrita*. Curitiba: Melo, 2010. p.16.

10

MULTIVERSO DO ESPECTRO

Breve relato de um caso do consultório em que são destrinchados critérios clínicos relacionados ao autismo, enquanto se exploram informações científicas de forma resumida, demonstrando uma jornada ao diagnóstico e tratamento.

FERNANDA RENATA MORO MARTINS DE SÁ

Fernanda Renata Moro Martins de Sá

Médica formada pela Universidade Cidade de São Paulo. Especializada em Neurologia clínica, modalidade *lato sensu* pelo Instituto de Pesquisa e Ensino Médico (Ipemed) em São Paulo. Em 2014 participou de um estágio em Neurologia, com foco em Doenças Autoimunes na Universidade de Kyushu (Fukuoka, Japão). Em 2017 integrou-se academicamente à University of Western Australia (Perth, Australia) e recebeu um convite para integrar uma equipe médica em pesquisas sobre medidas não farmacológicas no tratamento da Doença de Alzheimer pela Curtin University (Perth, Australia). Trabalhou com a ONG Autismwest (Perth, Australia), uma iniciativa privada sem fins lucrativos voltada ao desenvolvimento e socialização de crianças e adolescentes diagnosticados com Transtorno do espectro autista. Participou de diversos trabalhos científicos e, atualmente, desenvolve linha de pesquisa própria voltada aos transtornos de desenvolvimento. Como aptidão suplementar, é capacitada na realização e interpretação do Eletroencefalograma pelo Instituto Kandel, e habilitada no uso da toxina botulínica para o tratamento de doenças neurológicas e na infiltração com medicamentos para tratamento de dor crônica, artrite e fibromialgia.

Contato
11 94555-7713

Era a primeira consulta deste paciente de 7 anos de idade; veio acompanhado pela mãe, apresentando uma postura contida, séria e intensidade no olhar. O paciente, retraído, seguiu as instruções da mãe para sentar-se e manteve um olhar vago e evasivo durante toda a consulta. A anamnese se iniciou pelos antecedentes, o paciente era o irmão mais velho de uma família de duas crianças, não teve atrasos no seu neurodesenvolvimento, porém, trazia como característica a evasão ocular desde lactente além de:

- Labilidade emocional, demonstrada por ataques de birra e choro incontrolável que perduravam por horas, intolerância a negativas, auto e heteroagressividade e distúrbio do sono;
- Dificuldade na criação de vínculos, com tendências ao isolamento social, postura rígida e inflexível, mínima linguagem e comunicação com os pares e familiares.

Uma peculiaridade deste caso, que me gerou questionamentos, era o relato materno de discurso provocante, com orientação de agressão física, ameaçador à saúde do próprio e dos familiares, ideação suicida, alucinações auditivas e visuais com orientação de brutalidade.

Esse último relato aventou uma hipótese de psicose infantil, que caracterizava os indivíduos portadores do transtorno do espectro autista antes das últimas atualizações do CID e DSM.

O autismo foi descrito pela primeira vez em 1943 por Kanner, que relatou 11 crianças com inabilidade congênita de empatia, sensíveis a mudanças no ambiente não social. Quando a linguagem se desenvolvia era concreta, marcada por ecolalia, reversão de pronomes. Havia comportamento irregular, repetitivo e sem sentido (estereotipias).

O Transtorno do espectro autista compõe um grupo de distúrbios do neurodesenvolvimento que se caracterizam por distúrbios em habilidades sociocomunicativas e comportamento estereotipado. O fenótipo do distúrbio é extremamente variável, desde pacientes com deficiência intelectual e baixa performance de comportamento, até indivíduos com QI normal e vida independente, com até 30% dos portadores de TEA iniciando a vida adulta como não verbal e 30% dos adultos com TEA possuidores de um QI normal, apenas com déficit na pragmática da linguagem (Andersen et al., 2007). Nas últimas décadas, o autismo tem sido identificado como uma doença, e os custos anuais da sociedade com esse transtorno são estimados em 126 bilhões de dólares nos EUA e 34 bilhões no Reino Unido (Cohen et al., 2014). Esse fardo econômico faz do TEA um foco importante de pesquisa e muito tem se investido mundialmente para a detecção precoce, diagnóstico e tratamento. Com o impacto da conscientização crescente ao redor do globo e a expressão verbal de grupos de pessoas do espectro autista, o foco tem evoluído do conceito de doença para o de neurodiversidade, implicando que o transtorno do espectro autista seja na verdade uma variação do desenvolvimento humano normal (Subramanyam et al., 2019). Os critérios diagnósticos pelo DSM passaram por uma transformação desde sua primo-identificação em 1980 pelo DSM-III, que colocava o nome autismo infantil sob o manto de diagnóstico do PDD (pervasive developmental disorder) (Filipek et al., 2006). Além de incluir a necessidade de instalação do quadro antes dos 30 meses de vida (Nassar et al., 2009), o DSM-III-TR ampliou o espectro PDD e restringiu para dois diagnósticos possíveis: transtorno autista e PDD não especificado (Filipek et al., 2006), com início do déficit em qualquer momento da infância. O DSM-IV, em 1994, incluiu cinco diagnósticos possíveis no PDD: autista, Asperger, Rett e transtorno desintegrativo da infância (Filipek et al., 2006). O DSM-IV-TR indicou que o diagnóstico apresentava perturbação em três domínios: social (reciprocidade emocional e comunicação não verbal), comunicação (ausência, difícil iniciar e manter conversa com linguagem repetitiva e estereotipada) e atividades/interesses restritos (preocupações, aderência a rituais, maneirismos e estereotipias), com aparecimento até os 3 anos de idade (Subramanyam et al., 2019). Desde 2013 o DSM-V edição agrupou as antigas subcategorias sob o título de TEA e indicou o diagnóstico quando o paciente apresenta 3 sintomas no domínio sócio comunicativo e 2 sintomas de comportamento e interesse repetitivo, englobando a alteração sensorial, além da possibilidade de diagnosticar outros transtornos psiquiátricos concomitantes, incorporou também uma escala de severidade com especificadores como: prejuízo intelectual, de linguagem, catatonia, características genéticas/médicas/ambientais associadas.

Em uma diretriz da Associação Americana de Pediatria publicada em 2007 em forma e editorial do Lancet, foi indicado o *screening* universal para TEA em todas as crianças de 18 a 24 meses, assim como a indicação de intervenção comportamental e escolar intensiva iniciada assim que o diagnostico fosse provável, em detrimento de aguardar a compleição do mesmo. Em uma pesquisa de 2004, 44% dos pediatras da atenção primária reportaram o acompanhamento de, no mínimo, 10 crianças no espectro, porém, apenas 8% aplicavam o *screening* como parte da rotina. Em 2013, a AAP reiterou que o pediatra da atenção primária deve realizar avaliações do desenvolvimento infantil aos 9, 18, 24 e 30 meses, além de realizar a triagem especifica para TEA aos 18 e aos 24 meses. Nesta época, 1 em cada 10 pediatras da Califórnia informava realizar o *screening* universal para TEA (Zuckerman et al., 2013).

O TEA costuma ser identificado até os 4 anos de vida, (Russel et al., 2017) a maioria dos estudos foca em crianças TEA de 4 a 5 anos de idade (Bölte et al., 2013). Chawarska et al. revelaram que a idade média das preocupações paternas é aos 14 meses de vida. Em estudos retrospectivos (Zwaigenbaum et al., 2009), alguns pais relembraram diferenças no desenvolvimento nos primeiros meses de vida, mas uma grande parte deles indicou preocupação aos 2 anos de idade. Há variabilidade no tipo de preocupação, mas as de linguagem são mais comuns. Outras preocupações são: extremos na reatividade comportamental e disrupção sociocomunicativa (20-50% das crianças), brincar e desenvolvimento motor, além de alimentação e sono. A análise de vídeos caseiros sugere que algumas crianças têm anormalidades no desenvolvimento já no primeiro aniversário; achados incluem padrão atípico de orientação social (compartilhar atenção), imitação, regulação do afeto e expressões ambíguas, afeto negativo aumentado e uso reduzido de gestos. Além de flexibilidade reduzida, variedade e brincadeira orientada a objetos comparável com crianças com retardo mental (Zwaigenbaum et al., 2009). É uma minoria dos indivíduos que se desenvolve normalmente durante os primeiros 24 meses e depois perdem habilidades (Bölte et al., 2013). As diversas ferramentas de detecção são capazes de diagnosticarem o TEA antes dos 18 meses de vida.

O diagnóstico e a intervenção precoces têm um impacto positivo no desenvolvimento neurológico das crianças com TEA (Zwaigenbaum et al., 2015). Há um consenso geral que intervenção precoce apropriada melhora o desempenho futuro de crianças TEA (National Research Council 2001) (Akshoomoff et al., 2006). Ademais, o cérebro humano passa por um período de estabelecimento e refinamento de conexões entre neurônios nos primeiros anos de vida. A densidade sináptica no córtex pré-frontal humano tem o pico entre 1 e 2 anos, e na área de Wernicke e Broca aos 3 anos de vida. Logo após os picos de números de sinapses ocorre um período de refinamento, em que conexões efetivas são fortalecidas e fracas desaparecem. Esse momento de desenvolvimento determina a construção de circuitos neurais e a tosa de sinapses não utilizadas em excesso. Assim, a identificação precoce e intervenção antes ou durante essas conexões se estabelecerem permite melhor prognostico (Zwaigenbaum et al., 2015).

Na ausência de um biomarcador, o diagnóstico de TEA é baseado na avaliação clínica do comportamento, com aplicação de ferramentas diagnósticas e avaliação rigorosa, que deve consistir de: exame físico, teste de audição, observação e entrevista com os pais, que inclui uma história do desenvolvimento (NICE 2011). As melhores avaliações são testes padronizados do desenvolvimento e um teste cognitivo, avaliando linguagem e informação em mais de um ambiente, provendo informação de forças e dificuldades de um indivíduo, importante no planejamento de intervenções (Taylor et al., 2016). Está bem estabelecido que uma intervenção precoce melhora os resultados da criança com TEA (Magiati et al., 2012) e que crianças que iniciam a intervenção de forma precoce se saem melhor. TEA pode ser identificado aos 2 anos de idade. Na Austrália, a idade média de diagnóstico é 4 anos (49 meses) e, mais frequentemente, aos 71 meses.

Retomando o caso, o paciente apresentava características positivas para TEA, com associação de um possível transtorno do humor, com tendências depressivas, ansiosas, e a queixa inicial de alucinação poderia ser uma manifestação tanto do transtorno ansioso, ou até mesmo de um quadro maníaco associado a uma distimia. A mania é um estado mental de extrema euforia, comum ao transtorno afetivo bipolar e ao quadro distímico, em que as alterações de humor não são tão intensas como no bipolar, e pode cursar com alucinações. O paciente exibia um quadro complexo para sua pouca idade, e existia uma necessidade absoluta de tratamento terapêutico e medicamentoso para alcançar o equilíbrio.

Na investigação para TEA, são considerados outros transtornos de desenvolvimento (incluindo linguagem), distúrbios sensoriais (surdez), transtorno obsessivo compulsivo, déficit intelectual, ansiedade, mutismo seletivo, esquizofrenia etc. O diagnóstico se dá após cumpridos os critérios do DSM-V, descartados outros diagnósticos e estabelecido um histórico de atraso do desenvolvimento com comportamentos anormais; a história de perda de habilidades adquiridas após um período de desenvolvimento normal é incomum e mais identificável na síndrome de Rett e em outros transtornos neurodegenerativos (Volkmar et al., 2014). Transtornos de linguagem têm impacto na socialização e podem ser confundidos com TEA. Dos 20 aos 42 meses de vida, existem gestos inconvencionais, com alteração no direcionamento da atenção. Aos 36 meses, quatro movimentos estão presentes: usa o corpo do outro, atenção à voz, apontar e maneirismos dos dedos. Dos 38 aos 61 meses, autistas apresentavam distúrbio no comportamento não-verbal para regular a interação social. Na infância, podem coexistir o TEA e TDAH, dificultando o diagnóstico (Volkmar et al., 2014).

No distúrbio de ligação reativa (reactive attachment disorder) há déficits na ligação e na responsividade social inapropriada. O TOC (transtorno obsessivo-compulsivo) é mais tardio que o TEA e não apresenta transtorno de comunicação, os padrões repetitivos são egodistônicos. Sintomas de ansiedade como preocupação excessiva, necessidade de reassegurar, inabilidade de relaxar e sentimentos de desconforto ocorrem no TEA, principalmente nos de baixo grau (high-functioning). Diferenciar de esquizofrenia infantil é difícil, já que há alteração social e padrões de pensamentos diferentes, porém, esses apresentam alucinações e ilusões (Volkmar et al., 2014).

No caso foi recomendada a Terapia ABA com psicólogo e terapeuta ocupacional, além de um tratamento farmacológico. Atualmente, há apenas duas drogas aprovadas pelo FDA, o aripiprazol e a risperidona, ambos antagonistas do receptor D2 (dopamina, auxiliando o comportamento estereotipado e a agitação). Outras medicações têm sido utilizadas, como os antidepressivos inibidores de recaptação de serotonina, agonistas do GABA (neurotransmissor inibitório, muito indicado para déficit de atenção, irritabilidade e déficit na socialização), metilfenidato (nos pacientes com déficit de atenção associado), dentre outros.

Deve-se ter como objetivo específico para os indivíduos com TEA o estabelecimento de habilidades sóciocognitivas para melhorar participação, linguagem verbal e não verbal receptiva e expressiva, sistema de comunicação simbólico e funcional, atividades desenvolvimentais apropriadas, habilidades acadêmicas, habilidades de organização, habilidades motoras finas e grossas (Filipek et al., 2006).

A Terapia ABA (Análise do Comportamento Aplicado) é a intervenção mais utilizada em crianças e adultos com TEA. Melhora comportamentos específicos utilizando técnicas simples, progredindo em complexidade. Auxilia nas habilidades sociais, comunicação, leitura, higiene, capacidade motora fina, domésticas, pontualidade e competência para trabalho. ABA melhora habilidades de comportamento e diminui a necessidade por serviços especiais. Idealmente, mais de 20h por semana antes dos quatro anos de vida. ABA também minimiza comportamentos negativos, auxilia memoria, relacionamentos e cognição (Subramanyam et al., 2019). Em 1987 e 1993, Lovaas et al., publicaram artigos de recuperação de quase 50% de um grupo de pacientes muito jovens com autismo, tratados com intensiva análise comportamental aplicada (ABA). Muitos pais têm gasto muito dinheiro e tempo mobilizando serviços para essas intervenções, incluindo ações judiciais (Etscheidt., 2003).

Em uma linha de raciocínio sobre tempo e quantidade das intervenções a serem realizadas, diversas intervenções no passado relacionaram o QI como um preditor de resultados, conforme Harris e Handleman (2000), Ben-Itzchak e Zachor (2006). Um segundo preditor de melhor resultado foi a idade ao início da intervenção. Harris e Handleman identificaram que crianças que iniciavam antes dos 4 anos de idade tinham resultados melhores na escola e no QI do que as que iniciavam com 50 meses ou mais.

A dismorfologia (características físicas anormais), junto com variáveis clínicas (problemas de sono, epilepsia, intensidade de intervenção, idade de intervenção, envolvimento parental, dieta), previa as mudanças de tratamento com escore de 58% e em 90% de acurácia nas crianças não verbais que adquiririam a capacidade de fala no ano seguinte. Um estudo de 19 crianças por Stoelb et al. (2004), também indicava que idade precoce de intervenção predizia um ganho melhor.

Em uma linha paralela de tratamento terapêutico, pode ser indicada também a Terapia de Integração Sensorial, descrita pela terapeuta ocupacional Jean Ayres em 1970. Refere-se à forma como o corpo lida e processa a informação sensorial do ambiente. Ayres acreditava que o sistema sensorial se desenvolvia com o passar do tempo, assim como outros aspectos do desenvolvimento (motor, linguagem, etc.), e que os déficits podem ocorrer no processo do desenvolvimento de um sistema sensorial bem organizado (com integração de aferências de múltiplas fontes - visual, auditivo, proprioceptivo, vestibular). A disfunção da integração sensorial ocorre quando neurônios sensitivos não sinalizam de forma eficiente, levando a déficits no desenvolvimento, aprendizado e regulação emocional. A habilidade do cérebro em processar informação sensorial a partir do ambiente é uma área em expansão na pesquisa neurocientífica; Hubel e Wiesel foram os primeiros a documentar os efeitos importantes da privação sensorial. (Zimmer e Desch., 2019). É importante a menção de que a disfunção sensorial não é um diagnóstico por si só; ela sempre acompanha outros distúrbios (TEA, TOD, TDAH, ansiedade).

Para o benefício do paciente, o médico trabalha junto a uma equipe de intervenção multidisciplinar, com abordagens comportamentais, psicossociais, educacionais, médicas e complementares. Um acompanhamento a longo prazo é necessário para maximizar a independência funcional e a qualidade de vida, minimizando o déficit de comunicação social; promover socialização; reduzir comportamentos mal adaptativos; e apoiar as famílias (Subramanyam et al., 2019).

O acompanhamento médico também prevê que o médico auxilie a família a assegurar os diretos do paciente, que de acordo com a Lei número 12.764 de 27 de dezembro de 2012, no Brasil, assegura ao paciente os direitos e acesso à saúde, medicamentos, atendimento multiprofissional, nutrição adequada, residência protegida, educação, previdência e assistência social; sendo qualificados como "pessoa com deficiência" de acordo com o Congresso Nacional.

Retomando o nosso caso, após 3 meses o paciente retornou, fazendo uso dos medicamentos de forma adequada, sem efeitos colaterais perceptíveis, com boa adesão às terapias, realizando-as de forma frequente, ainda em acompanhamento da mãe nas consultas de retorno subsequentes. O paciente agora mantinha contato visual, verbalizava seus interesses e ideias, não apresentava mais alucinações; os ataques de birra e a tendência a agressividade reduziram drasticamente. Ele apresentava um discurso coeso, monótono, menos egocêntrico, verbalizando gratidão e tranquilidade, inclusive me presenteou algumas vezes em consulta, e verbalizava à mãe o quanto gostaria de me agradecer. Nunca faltou um carinho e um abraço em nossos encontros.

Com a evolução clínica tão dramática em pouco tempo de intervenção, pude afastar a hipótese de psicose infantil, e com auxílio do meu colega psicólogo, fechamos o diagnóstico de transtorno do espectro autista, indicando manter o tratamento farmacológico e terapêutico por pelo menos mais 2 anos. A melhora inicial indicava um grau leve de autismo, com boa resposta clínica, indicando bom prognóstico para a vida atual e futura, na fase adulta.

Hoje em dia, muitos adultos com TEA promovem esforços para remover obstáculos específicos para indivíduos com TEA, se opõem à eliminação de sintomas/sinais autistas, desenvolvendo ideais de movimento pelo direito de pessoas com deficiência e o movimento de neurodiversidade, que vê o TEA e outros distúrbios de neurodesenvolvimento como uma parte natural da variação humana e não uma doença. Brownlow descreveu que os indivíduos autistas são construídos pela medicina como em necessidade de mudança (via intervenção ou tratamento), para se acomodarem ao mundo não autista. O objetivo do tratamento de autismo é o de melhorar a comunicação, as habilidades socio-adaptativas e de comportamento, que são sintomas chaves do TEA. No momento, não há evidência suficiente que avalie os benefícios ou efeitos adversos das intervenções farmacêuticas para TEA, assim como estes não são recomendados.

O autismo, apesar de ser uma condição para toda a vida, encontrou tremendo potencial de pesquisa, assim como de intervenção na última década. O que é de fato evidência é quanto mais precoces o diagnóstico e a intervenção, melhor o resultado geral e a qualidade de vida para o indivíduo autista e sua família (Russell et al., 2017).

Referência

SÁ, Fernanda Renata Moro Martins de. *Revisão de literatura*: Guideline de diagnóstico e tratamento do transtorno do espectro autista, uma proposta de guideline brasileiro, 2019.

11

A IMPORTÂNCIA DOS VÍNCULOS PARENTAIS NO DESENVOLVIMENTO DE CRIANÇAS COM SÍNDROME DE DOWN

Este capítulo enfatiza aspectos relevantes a respeito da importância dos vínculos parentais no desenvolvimento de crianças com Síndrome de Down e como esse relacionamento é essencial para estimular as potencialidades das mesmas, uma vez que elas estão inseridas em ambientes capazes de construir memórias positivas. Ressalta, também, que o indivíduo com Síndrome de Down necessita de amor, proteção e atenção como qualquer outro considerado "normal". No entanto, as famílias, para lidar com a situação, precisam ser incluídas nos processos educacional e terapêutico das crianças, pois, por mais que os terapeutas e a escola se esforcem para possibilitar o desenvolvimento do indivíduo com SD, esses esforços serão muito limitados se não incluírem, na prática de ação, a orientação aos pais.

JACINEIDE CINTRA

Jacineide Cintra

Psicopedagoga clínica e institucional/ ISEGO – Instituto Superior de Educação Eugênio Gomes (2009); especialista em Coordenação pedagógica/UFBA – Universidade Federal da Bahia (2012); especialista em Política do Planejamento Pedagógico: Currículo, Didática e Avaliação/ UNEB – Universidade do Estado da Bahia (2005); graduada em Pedagogia/UNEB – Universidade do Estado da Bahia; diretora do CIAPP – Centro Integrado de Atendimento Psicológico, Psicopedagógico e Fonoaudiológico – Ipirá – BA.

Contatos
jacycintra05@hotmail.com
Instagram: @jacineidecintra
Facebook: @jacineidecintra
75 99199-4242

O amor é o único nexo permanente válido nas relações fami-
liares. Amar e ser amado é um desejo de todos. E também é
um direito que a sociedade deveria
proteger e estimular.

Knobel, 1992

No decorrer da vida, acontecem fatos marcantes! O nascimento de um (a) filho (a) é um deles, muda a rotina dos pais que se preparam para recebê-lo (la) com amor. É um acontecimento que gera expectativas, que, quando contrariadas pelo destino, provoca insegurança. "Contrariar essas expectativas podem ser ameaçadores para algumas famílias" (Polity, 2000, p.138). No entanto, a conexão familiar, favorece o fortalecimento de vínculos, e o nascimento de um (a) filho (a) com Síndrome de Down é uma situação que provoca incerteza, por ser inesperada, com muitas informações a respeito da demanda. Desse modo, é imprescindível que os pais superem a fase inicial, vivam as primeiras experiências causadas pelo impacto da notícia. "Tal impacto pode dificultar que a mãe tenha reações, de acordo sua sensibilidade natural, impedindo que as primeiras experiências ocorram satisfatoriamente". (Voivodic e Storer, 2002, p. 32).

O impacto causado na família com a chegada de um filho com Síndrome de Down, se não for bem administrado, pode prejudicar a interação da mesma com a criança. Muitos pais vão em busca de orientação, precisam do apoio de um profissional. No entanto, a convivência envolve o aspecto afetivo, que, em alguns casos, gera conflitos para os quais não existem respostas prontas.

Dessa forma, a família tem papel primordial no desenvolvimento desses indivíduos. A genética é tida como uma das causas, no entanto, a inteligência do ser não é definida apenas por ela: "o desenvolvimento humano está relacionado ao contexto sociocultural em que se insere, portanto, é impossível considerá-lo um processo previsível e universal". (Voivodic e Storer, 2002, p. 32).

A interação positiva da família com a criança com SD é muito importante, não somente para o desenvolvimento afetivo e social, mas também para o desenvolvimento cognitivo. Como sabemos, o primeiro contexto da criança é o ambiente familiar; e o desenvolvimento das habilidades das que possuem Síndrome de Down precisa ser visto em um cenário mais amplo, além das esferas escolar e terapêutica.

Stelling (1996, p. 68) afirma que a orientação para os pais precisa ser mais do que aconselhamentos. É importante permitir-lhes um conhecimento amplo de forma simples para que se socializem com esse universo de conhecimento. Assim, quando os pais compreendem como o desenvolvimento das habilidades é processado nas crianças, os vínculos parentais ganham um significado, indo além da proteção e do cuidado. Os pais passam a colaborar cada vez mais com o desenvolvimento da aprendizagem das mesmas. A família precisa estar bem estruturada emocionalmente, com boas relações afetivas e devidamente orientada para facilitar o processo de desenvolvimento na infância.

Segundo, Vygotsky (1988, p.99), "as atividades realizadas pelas crianças adquirem um significado próprio dentro do contexto social ao qual estão inseridas". Enfoca a relevância do desenvolvimento de aprendizagem que, segundo ele, desde o nascimento, se relaciona com o desenvolvimento do indivíduo, que, nos primeiros anos de vida, passa por fases críticas em seu desenvolvimento cognitivo. Por isso, a família desempenha um papel de fundamental importância nesse período. A qualidade dos vínculos parentais produz efeitos importantes no desenvolvimento das áreas cognitivas, linguísticas e emocionais das crianças com Síndrome de Down.

Diante do exposto, fica evidente que os pais, por meio da vida cotidiana, oferecem à criança possibilidades para aprender e desenvolver-se pela interação, pelo exemplo, pela realização de atividades assistidas e de muitas outras formas de mediar o processo de aprendizagem. As limitações da criança fazem com que os pais sejam mais seletivos ao propor atividades; a rotina passa a ser mais complexa, uma vez que precisa ser diversificada para atender as diversas necessidades que o ser humano com Síndrome de Down apresenta. É importante que as possibilidades de evolução da aprendizagem sejam colocadas sempre em primeiro plano, para que venha a ser o ponto mais forte do desenvolvimento da autonomia.

Referências

CASARIN, S. Aspectos psicológicos da síndrome de Down. *In*: J. S. Schwartzman (Ed.). *Síndrome de Down*. São Paulo: Memnon, 1999.

KNOBEL, M. (1992). *Orientação familiar*. São Paulo: Papirus.

POLITY, E. Pensando as dificuldades de aprendizagem à luz das relações familiares. *Anais, V Congresso Brasileiro Psicopedagogia/I Congresso Latino-Americano de Psicopedagogia/IX Encontro Brasileiro de Psicopedagogos (p. 131-144)*.12 a 15 de julho, São Paulo, 2000.

STELLING, E. *O aluno surdo e sua família*. Seminário repensando a educação da pessoa surda Rio de Janeiro: INES, Divisão de Estudos e Pesquisa. Rio de Janeiro, 1996.

VOIVODIC M.A.M.A e STORER. M. R. S. O desenvolvimento cognitivo das crianças com síndrome de Down à luz das relações familiares. *Psicologia: teoria e prática*, 4(2), 31-40. 2002.

VYGOTSKY, L. S. *A formação social da mente*. São Paulo: Martins Fontes, 1988.

12

A MELHOR ESCOLHA: INTERVENÇÃO BASEADA EM EVIDÊNCIA CIENTÍFICA E BUSCA POR PROFISSIONAIS CAPACITADOS

Neste capítulo, conto como foi o processo do diagnóstico, bem como a escolha da intervenção e de profissionais. Trato também sobre a importância da busca de conhecimento e abordo um pouco do meu sentimento e visão de mãe em todo esse processo.

JOSIANE MAGRIN

Mãe de dois filhos com TEA, psicopedagoga, assistente terapêutica (AT), reikiana e criadora do projeto Quintal Divertido.

Josiane Magrin

Contatos
josianemagrin34@gmail.com
Instagram: @josimagrin / @oquintaldivertido
Facebook: quintaldivertido

Quando o autismo chegou

Percebi que havia algo errado com meu filho quando ele tinha por volta de 2 anos de idade, em razão do atraso na fala e da perda de algumas habilidades simples, como bater palmas e dar tchau. A sensação que eu tinha era que meu filho tinha se desconectado do mundo da noite para o dia. Era muito estranho como ele parecia distante de tudo e de todos.

Falei com a pediatra, e ela insistia que, como eu havia dado à luz recentemente, era apenas um comportamento dele para chamar minha atenção, uma vez que ele também nunca manifestou interesse na irmãzinha. Porém, eu sentia que não era isso, que tinha algo a mais, mesmo com a minha família e amigos falando que eu estava me preocupando à toa.

Depois de muita insistência de minha parte, a pediatra decidiu encaminhá-lo para fazer algumas sessões de Fonoaudiologia.

Uma tarde, quando eu estava na clínica marcando as sessões de fono, vi uma plaquinha com o nome de uma Neuropsicóloga Infantil que chamou minha atenção, e resolvi marcar um horário. Contei sobre meu filho e ela disse que precisava avaliá-lo para saber se tinha a possibilidade de ser autismo. E que ainda assim, para fechar o diagnóstico, seria necessário procurar um neurologista infantil.

Buscamos pelos demais profissionais para avaliação multidisciplinar e todas as avaliações confirmaram aquilo que eu já tinha certeza. Sim, era autismo!

Ao contrário de muitas mães, eu não chorei, não fiquei triste nem parei para pensar no assunto. Na verdade, senti-me até um pouco aliviada por saber que não era algo da minha cabeça, por saber que minha intuição de mãe estava certa o tempo inteiro.

Ao longo de minha jornada nesse mundo singular e complexo que é o autismo, conheci muitas mães que passaram pela mesma situação que eu, algumas que até identificaram os sinais precocemente, mas não foram ouvidas. Se eu tivesse ouvido as pessoas à minha volta e até mesmo a pediatra, os prejuízos no meu filho seriam ainda maiores.

Mães, não esperem as pessoas se convencerem; não esperem os médicos concordarem, não esperem o tempo passar e os atrasos ficarem ainda mais evidentes. Não esperem! Acreditem em vocês, acreditem no seu olhar, no seu sentido de mãe! Ele nunca falha!

A escolha do modelo de intervenção

Sim, eu tinha um filho autista, mas não possuía qualquer conhecimento sobre o assunto. Era tudo muito confuso ainda. Os profissionais usavam termos que eu nem sabia o que significavam, e precisávamos definir qual modelo de intervenção e onde encontrar os profissionais qualificados, que na época eram poucos.

Quando a neuropsicóloga fechou a avaliação do meu filho, ela nos explicou que havia um modelo de intervenção conhecido como ABA, termo em inglês para *Applied Behavior Analysis* (Análise do Comportamento Aplicada). Na época, ela havia feito uma formação nos Estados Unidos e já estava atuando como supervisora e aplicadora com os seus pacientes, que mostravam grandes evoluções.

Eu não conhecia absolutamente nada a respeito desse tipo de intervenção, e à medida que ela ia me explicando como funcionava, eu só conseguia pensar que estaria colocando o meu filho em um programa de adestramento.

Porém, ela nos convenceu de que seria o melhor para ele. Então resolvemos iniciar a intervenção, mas precisávamos de um AT (assistente terapêutico) e naquela época não existiam profissionais com conhecimento. Então, por indicação de uma amiga, encontramos uma estudante de psicologia que começou o atendimento supervisionado em casa por 10 horas semanais. Também iniciou outras terapias, como a de integração sensorial, natação terapêutica, e ainda havia as sessões de fono que já estava fazendo.

Depois de alguns meses começamos a ver as evoluções no nosso filho. Ficamos muito empolgados. Ele voltou a bater palmas, a olhar e depois vieram as primeiras palavrinhas.

Lembro-me como se fosse ontem: eu estava assistindo à TV quando ele veio na minha direção, entregou-me uma bola e, com muita dificuldade, disse "bo-a". Acho que meu coração parou por alguns instantes, eu sorri e comecei a brincar com ele, tentando disfarçar as lágrimas que insistiam em cair... Sim, meu filho tinha falado sua primeira palavra.

Seguimos com a rotina de terapias, mas depois de algum tempo senti que meu filho estava desmotivado, não gostava das sessões com a AT. Chorava quando ela chegava, chorava durante a sessão e já não estava mais se desenvolvendo como antes.

Eu não tinha conhecimento mais a fundo sobre o modelo de intervenção que escolhemos, mas confiei no profissional que havia escolhido, no treinamento e supervisão feitos regularmente com a AT. Embora eu estivesse desconfortável e angustiada, eu confiei e acreditei.

Depois de um ano de intervenção, decidi que não queria mais a ABA. Porque esse modelo de intervenção fazia meu filho chorar muito, ele não queria mais ficar com a terapeuta. Eu me questionava o tempo todo: por que algo que fazia meu filho chorar seria bom para ele?

A importância da busca por conhecimento – Saber é poder!

Decidi estudar sobre o autismo. Precisava entender para não ser enganada, para ajudar meu filho e ser a voz que ele ainda não tinha.

Foram livros, artigos, estudos, cursos, pesquisas na internet (sempre procurando me certificar se eram fontes confiáveis), muito estudo, noites em claro. Eu respirava o autismo 24 horas.

Fui aprendendo e entendendo mais sobre o autismo e os tipos de intervenções. Passei a acompanhar ainda mais de perto o processo do meu filho; pedi para entrar nas sessões de terapia algumas vezes e comecei a questionar os profissionais.

O conhecimento me trouxe segurança para escolher e perceber o que estava ou não dando certo. Isso me fez perceber que escolhi sim um modelo de intervenção muito eficaz, com base e evidência científica, mas que tinha optado por profissionais despreparados. E quem sofreu as consequências da minha decisão foi o meu filho.

Quando me dei conta disso, fiquei arrasada. Agi imediatamente, interrompendo os atendimentos de terapia comportamental e iniciando a busca por profissionais devidamente capacitados e preparados.

Em um momento de desespero e desabafo, contei o que estava ocorrendo para a terapeuta ocupacional em que íamos uma vez por semana. Como uma profissional excelente, comprometida e engajada, ela me ajudou muito na busca por profissionais para dar seguimento à terapia comportamental.

Meu filho pagou o preço por conta da minha falta de conhecimento.

Pais, estudem, pesquisem, busquem por profissionais analistas de comportamento capacitados. Informação nunca é demais! Saber é Poder!

Por que escolhi continuar com a intervenção ABA?

ABA é um processo científico de identificação de apoios ambientais para melhorar o comportamento. É uma ciência estabelecida que vai muito além do autismo. "Ciência é uma abordagem sistemática para buscar e organizar um conhecimento sobre o mundo natural. A ciência busca atingir a compreensão de um fenômeno através do estudo" (COOPER, HERON, HEWARD, s/a). Optei por continuar com esse modelo de intervenção por ser o único com evidências científicas e comprovação de resultados.

A importância da escolha de bons profissionais

Uma intervenção bem elaborada baseada em ABA avalia uma criança com autismo para descobrir seus pontos fortes e áreas de necessidade. Cria um programa que irá construir sobre esses pontos fortes e ensinar as habilidades que ela precisa aprender. O objetivo é melhorar a qualidade de vida com ênfase em habilidades socialmente significativas.

A escolha de profissionais capacitados é muito importante para o sucesso da intervenção.

Como mãe, penso que antes de tudo a pessoa que trabalhe com meu filho deve ser um profissional que ame o que faz, goste de crianças, tenha sensibilidade de perceber e saber tirar o melhor dele e trate-o com respeito e carinho.

Seguem algumas dicas que podem ajudar no momento da escolha do profissional:

• Certifique-se de que a pessoa que toma as decisões clínicas sobre o programa de seu filho tenha a experiência e as credenciais apropriadas para fazê-lo.

• Certifique-se de que estão usando uma abordagem individualizada. É importante que seu filho tenha um programa individual, criado de acordo com suas necessidades.

• Certifique-se de que todos os envolvidos estejam bem treinados e informados. Reuniões para discutir o progresso de seu filho devem ser realizadas regularmente.

• Certifique-se de que os pais serão treinados e envolvidos em todo o processo de tratamento, e como isso é feito. É essencial a participação da família para o sucesso da intervenção.

Lembre-se de que se trata do progresso do seu filho. Você deve fazer a escolha dos profissionais com muita cautela e o máximo de informações possíveis.

Eu, mãe de autista

Tenho três filhos, estando dois deles dentro do espectro de autismo. Sim... o meu filho mais velho foi diagnosticado com autismo também! Quando recebi o diagnóstico do Igor, embora eu tenha me sentido aliviada na época, também me culpei muito. Pensava que se tivesse escolhido ficar em casa perto dele, ao invés de colocá-lo na creche, tudo teria sido diferente... E durante muito tempo carreguei essa culpa. Isso me doía muito!

Iniciamos os tratamentos... terapia ocupacional, ABA, fono, neuro, natação... e eu pensei: "Com tudo isso logo meu filho falará e terá uma vida normal". Passou um mês... e eu não conseguia enxergar "melhora" no meu pequeno. Queria que tudo fosse rápido... E com o tempo veio minha decepção. Preocupava-me tanto em querer que ele falasse e fosse "normal" que não conseguia ver que sim, ele estava evoluindo e respondendo bem aos estímulos.

De repente, meu mundo virou de cabeça para baixo, eu corria de um lado ao outro tentando trabalhar, acompanhar o tratamento do Igor de perto, ser uma esposa para meu marido e uma boa mãe aos meus outros dois filhos (Clara então com 1 ano e Vinicius com 9 anos). Não descansava e não conseguia me dedicar a nada... pensar em nada... respirava o autismo 24 horas. Não conseguia me dedicar no trabalho, como esposa nem como mãe. Não conseguia dar conta de tudo! Acordava cansada, vivia com olheiras, chorava por qualquer coisa, sentia-me péssima, horrível, eu já não me reconhecia mais.

Porém, com o tempo e o conhecimento, descobri que Igor não ia se desenvolver dentro do tempo que eu queria, e sim dentro do tempo dele, do que ele podia entregar, e que o pouco era sim muito.

Lembro-me que um dia olhei para ele com todo meu amor e disse que a partir dali eu teria todo o tempo do mundo, que eu o respeitava e aceitava de todo o meu coração a sua essência, quem ele é... e, acreditem ou não, a partir daí ele começou a se desenvolver de forma surpreendente!

Vendi minha parte na empresa e passei a acompanhá-lo diariamente em tudo, e consegui me dedicar mais aos meus filhos. Fiquei assim por 1 ano e meio.

É importante também ressaltar que o apoio e a compreensão da minha família foram fundamentais em todo esse processo.

Entendi que meu filho precisava de amor (muito amor!), estímulo diário e tempo... sim, o tempo foi fundamental para nós, e continuo tendo todo o tempo do mundo para ele.

Mudei toda a minha vida pelo Igor e não me arrependo. Nunca vou me arrepender!

Algum tempo depois recebemos o diagnóstico do nosso filho mais velho, e dessa vez agradeci a Deus por permitir que eu faça parte da vida dele, e com ele aprender... Sim... eles me ensinam muito! Que o Vini tinha algo de especial eu sempre soube, ele é um garoto muito inteligente, carinhoso, mas tem algumas dificuldades de socialização e hiperfoco, entre outras coisas que estão sendo tratadas em terapia.

Algumas pessoas pensam: "Ah, coitada! Dois filhos autistas! E ainda teve mais um filho!". Alguns amigos se afastaram de nós, mas de verdade? Hoje não me importo! Eles não sabem o quanto são incríveis.

Fácil? Não é... vivemos dias de luta e dias de glória!

Não olho para meus filhos como deficientes, eles podem ter algumas dificuldades que estamos batalhando para superar, mas são tão capazes quanto qualquer outra pessoa. Acredito que eles poderão ser o que quiserem. Não existem limites para quem ama... e eu os amo loucamente!

Hoje o amor pela causa virou uma profissão. Atuo como AT em atendimentos a crianças com autismo.

Volto a dizer que tudo que nossos anjos azuis precisam é de amor, estímulo diário e respeito.

Aos poucos, dia após dia, com amor e estímulos corretos, conseguimos grandes vitórias!

Referências

COOPER, John O.; HERON, Timothy E.; HEWARD, Wiliam L. *Applied Behavior Analysis*. 2.ed.

KUPFERSCHMIDT, S. *Autism Parent Magazine*. Disponível em: <https://www.autismparentingmagazine.com/author/sarahkupferschmidt/>. Acesso em: 27 de maio de 2021.

13

MÃE CORAGEM

Neste capítulo, abordarei a história do meu filho que está dentro do espectro autista, que passou por vários obstáculos na escola regular. Um deles foi a transição do professor de apoio e o rompimento de laços afetivos por falta de planejamento escolar na perspectiva inclusiva. Com base em estudos científicos, rompendo paradigmas, busco compreender suas necessidades, o que me rendeu Prêmio Internacional em Pesquisa Científica.

KÁTIA MIRANDA

Kátia Miranda

Licenciada em Pedagogia pela UBC (Universidade Braz Cubas de Mogi das Cruzes, 2020), 2º Licenciatura em Educação Especial (Universidade Santa Cecília de Santos, 2021). Prêmio internacional pela COMAU (Conselho Mundial de Acadêmicos Universitários) em 2019, pela Pesquisa Científica Comportamentos Inadequados dos Autistas na Transição do Professor de Apoio na Escola Regular.

Contatos
katiaaparecidademiranda@gmail.com
Instagram: @4216.katia
11 97534-6525

Para entender o que o outro diz, não basta entender suas palavras, mas também seus pensamentos e suas motivações.

Lev Vygotsky

Um filho é a maior dádiva que uma mãe pode receber. Lindo, delicado, sensível e complexo, Lucas se desenvolvia diferente das outras crianças da mesma fase. Não verbal, não conseguimos compreender suas emoções, sensações e frustrações, expressadas por comportamentos.

No ensino infantil, não acompanhava a rotina escolar, o que dificultava e regredia seu desenvolvimento. Após uma maratona de especialistas, encontramos a psiquiatra Drª Luciana, um anjo em nossas vidas, que fechou o diagnóstico de TEA (transtorno do espectro autista), a partir do qual tivemos um norte a seguir.

Recebemos seu diagnóstico em 2012, Lucas estava com 4 anos. Até então não sabíamos por onde começar, mas isto nos fez crescer como seres humanos e olharmos para horizontes até então desconhecidos. A aceitação do diagnóstico foi o primeiro passo; meu esposo Odair sempre esteve ao meu lado para enfrentarmos juntos todos os obstáculos. Nessa época, vivenciamos a ausência da família, o preconceito da sociedade e a falta de profissionais capacitados, principalmente no âmbito escolar. Mas tivemos oportunidade de conhecer novas famílias que compartilhavam da mesma história, hoje grandes parceiros e amigos.

Apesar da falta de informações concretas nas abordagens e nosso pouco conhecimento no assunto, não temíamos o diagnóstico. Porém, inseri-lo na sociedade e garantir seus direitos como cidadão não seria uma tarefa fácil.

Apesar dos esforços dos professores sem um suporte adequado, a falta de empatia por parte da secretaria de educação nos fazia sentir desamparados e quase fomos vencidos pelo cansaço e esgotamento, afetando minha saúde mental.

Iniciou-se então o Ensino Fundamental e sua alfabetização, a vontade era de colocar meu filho em uma caixinha e ficar com ele em casa; sentia-me impotente por não conseguir ajudá-lo. Após uma pesquisa, conheci a lei n. 12.764/12, sobre a proteção dos direitos das pessoas com autismo, que garantia o direito de meu filho frequentar a escola regular com dignidade e igualdade.

Por meio de uma liminar, fui a primeira mãe em minha cidade a garantir o direito a um professor especializado para acompanhar meu filho dentro da sala de aula regular, vitória que abriu portas para outros autistas que foram diagnosticados depois. Porém, não havia profissionais especializados concursados no município. Após muito diálogo e protocolos na câmara municipal e prefeitura, foi realizado o concurso público, o que garantiu maior estabilidade aos profissionais, e a capacitação de educação especial para a sala de recursos, onde seria destinado um profissional para meu filho.

Mesmo concursados, os professores não queriam acompanhar Lucas, a insegurança era maior do que a oportunidade de conhecê-lo. Então foi destinada a professora Adriana Goor, que aceitou mesmo sabendo que seria um grande desafio. Sem saber por onde começar e com um ambiente escolar novo para eles, iniciava-se ali um processo socioafetivo.

Os minutos e as horas não passavam quando Lucas estava na escola; não verbal, sua voz era a do professor que o acompanhava. Mesmo com oscilações comportamentais e por ser um período adaptativo, Lucas já apresentava resultados nas primeiras semanas.

Dedicada, a professora de apoio alcançou os objetivos traçados por ela e pela professora titular de sala, alfabetizando Lucas no segundo bimestre do primeiro ano letivo, o que parecia ser impossível. Demonstrou um intenso trabalho de sondagem, investigação e estratégia para atingir suas particularidades, o que nos transmitia segurança principalmente por ela ter conquistado a confiança dele.

Lucas sentia prazer em ir para a escola; a professora apresentava por meio de vídeos e imagens muitas atividades adaptadas realizadas por ele, demonstrando um ótimo desempenho. Meu filho permaneceu nessa escola acompanhado da mesma professora de apoio até o segundo bimestre do quinto ano letivo, ocasião em que infelizmente passaria por um constrangimento que mudaria totalmente sua vida.

A partir de então, Lucas perdeu o interesse em ir para a escola, sendo mais cômodo a escola rotular meu filho do que enxergar seus próprios erros, mesmo após a professora de apoio e a assistente da vida escolar apontarem a abordagem incorreta feita pela entidade.

A professora Adriana e a assistente da vida escolar Gilmara foram o seu porto seguro nessa fase, juntamente com a equipe de educação especial abordaram várias estratégias na tentativa de inseri-lo novamente nesse ambiente escolar, porém em vão. Em consultas aos especialistas, resolvemos transferi-lo de escola, e solicitei junto à secretaria de educação que a mesma professora de apoio o acompanhasse, minimizando, assim, o impacto da transição escolar, processo este que foi fundamental, pois o vínculo afetivo construído entre eles era recíproco.

Enfrentamos algumas dificuldades nesse processo; a professora de apoio e os especialistas conseguiram fazer com que Lucas sentisse segurança e prazer de ir para a nova escola. Meu coração se aliviou vendo meu filho bem, mas sabia que em menos de seis meses seria outra luta, pois passaria a fazer parte da escola estadual, na qual tudo daria início novamente, sem tempo suficiente de assimilar o que estava acontecendo, e sua professora de apoio já não poderia mais acompanhá-lo.

Ainda em fase de adaptação na escola municipal, os especialistas que o acompanhavam também avaliaram que não seria viável Lucas ir para a escola estadual naquele momento. Protocolei relatórios médicos junto à secretaria de educação e à delegacia de ensino expondo suas necessidades, relatando que ele não estava preparado para novas mudanças. Tais mudanças poderiam regredir seu quadro clínico, protocolo que me foi negado, pois o sistema educacional não pode reter o aluno no quinto ano.

No ano seguinte, Lucas iniciou na escola estadual. Tudo novo, ambiente, alunos e professor de apoio, porém não frequentaria a sala de aula regular. Ele ficaria com um aluno com síndrome de Down em uma sala reservada, o que segregava os dois. Não estava de acordo com a situação, pois meu filho sempre frequentou a sala de aula regular na escola municipal. Faltava diálogo e compreensão por parte da escola, e vislumbrava ali a falta de planejamento no aspecto inclusivo.

Sempre fui participativa. Frequentava palestras, cursos e congressos para obter mais conhecimento, e resolvi nesse processo todo cursar Pedagogia. A escola sentia-se desconfortável, pois como mãe tinha conhecimento sobre neuroatípicos, e isso favorecia meu filho.

Lucas frequentou somente quatro dias de aula na escola estadual, o suficiente para regredir seu quadro clínico, o que já era previsto pelos especialistas. Não reconhecia mais meu filho, dava-me desespero ver seu quadro comportamental prejudicando sua autonomia. O gestor da escola mencionou que ele precisava aumentar sua medicação, mas o problema era a falta de intervenção e interação correta com o seu novo par e o ambiente escolar.

Tomei a iniciativa de afastá-lo da escola e entrei em contato com os especialistas, pois medicamentos não supririam uma escola despreparada para recebê-lo. A falta de sensibilidade pela causa, aceitando a matrícula por obrigação, era o pior fator naquele momento. Lucas não interagia com ninguém da escola, ficava andando de um lado para outro nos corredores com muitas estereotipias, e todos correndo atrás dele sem nenhum manejo. A escola não aceitou a intervenção dos especialistas comportamentais, mesmo eles não tendo um suporte adequado.

Foram muitas reuniões sem nenhuma solução. Lucas gesticulava o nome da antiga professora de apoio, tentei explicar para a escola as dificuldades que os autistas encontram com a interação social. Dessa forma, necessitam de um processo de transição gradual, às vezes com a participação da antiga professora de apoio, para que assimilem essa transição. Como mãe, entendo que meu filho não poderia ficar com a mesma professora durante todo o seu processo escolar, mas naquele momento se fazia necessária a elaboração de um planejamento de transição respeitando suas especificidades.

Iniciou-se então uma nova liminar, com muitos relatórios pontuando as necessidades de Lucas, pois seus direitos estavam sendo violados dentro de seu espectro; ele não acompanhava o que o sistema educacional exigia. Liminar concedida, meu filho retornou para a escola municipal, com o objetivo de a mesma professora de apoio prepará-lo para a continuidade escolar.

No entanto, infelizmente a desorganização para recebê-lo fez desse período escolar um desastre. Mudanças de professor de apoio ocorriam a todo momento, e o excesso de informações não estava sendo processado por ele. A secretaria de educação frisava a todo momento que Lucas era aluno estadual e não municipal. Estávamos inconformados pela falta de comprometimento e profissionalismo de ambos.

Não concordando com a situação e as escolas não cumprindo com a determinação judicial, resolvi ir além, senti a necessidade de compreender e explicar os comportamentos inadequados apresentados pelo meu filho nesse processo. Porém, os debates entre os especialistas sempre foram intensos a fim de proporcionar o melhor para Lucas naquele momento. A minha visão sobre a transição era a mesma do Fernando, professor de natação do meu filho: que a transição do professor só é eficaz quando feita uma análise real da necessidade da criança por meio de relatórios médicos. Assim, antes de planejar a modificação é necessário fazer análise funcional, isto é, buscar ir além da topografia da resposta, identificando

122 | Educação inclusiva e a parceria da família

as variáveis de controle antecedentes e consequentes, com o objetivo de analisar e definir tudo o que compõe a tríplice contingência do comportamento em questão.

Apoiada e incentivada pelo meu marido e pelo professor de natação de Lucas, inscrevi-me em um Congresso Internacional de Educação Especial. Ainda cursando pedagogia, encontrei-me pesquisando neurociências e psicologia, um universo de informações, principalmente sobre funcionamento cerebral, pesquisa esta enriquecedora e coerente de fato com os comportamentos inadequados apresentados pelo meu filho na escola. Não havia nenhuma pesquisa relacionada ao tema escolhido. Com muita dedicação e vendo a possibilidade de ajudar meu filho e, consequentemente, outros autistas, isso me impulsionava a seguir em frente. Leia o resumo do artigo científico "Comportamentos Inadequados dos Autistas na Transição do Professor de Apoio na Escola Regular":

"Embora tenha recebido destaque nas pesquisas científicas, o transtorno do espectro autista (TEA) ainda apresenta lacunas a serem preenchidas. Consequentemente, uma questão levantada é sobre o processo de transição dos professores de apoio que acompanham os alunos com TEA nas escolas regulares. Em uma pesquisa qualitativa, busca-se como é realizada essa transição e como os alunos com TEA vêm se comportando com essas mudanças. Com isto, objetiva-se minimizar algumas dificuldades encontradas durante esse processo. A motivação para essa discussão tomou como norte alguns problemas no processo de transição, nos quais alunos com TEA vêm apresentando quadros comportamentais inadequados. Entre eles a falta de planejamentos adequados, que podem gerar obstáculos a esses alunos, aumentando os desafios de mudanças afetivas no contexto de inclusão escolar. Nessas perspectivas, estão as alterações cerebrais, como lobo frontal, apresentando baixo desenvolvimento das funções executivas. Relacionados a esse aspecto no córtex pré-motor, estão localizados os neurônios espelhos, com baixa ativação, ligados à cognição social, fatores que levam indivíduos com TEA a terem dificuldade em se relacionarem com seus pares. Independentemente da sua classificação psicogenética ou biológica, os alunos com TEA apresentam déficits na área social, linguagem, comunicação, comportamento e pensamento. Assim, faz-se necessário um Projeto Político Pedagógico, com revisão neste processo e adequações nos planejamentos, visando às necessidades de cada aluno com TEA nessa transição. Atrelados aos estudos das Neurociências e da Psicologia, torna-se importante entender, por meio das alterações cerebrais, as dificuldades que esses alunos encontram ao se relacionarem com seus pares."

Concorri com artigos elaborados por mestrandos e doutorandos, senti-me vitoriosa pela pesquisa. Aprovada no processo de seleção, com muito orgulho recebi o certificado de participação de pesquisa, e no último dia de congresso a COMAU (Conselho Mundial de Acadêmicos e Universitários) apresentou as melhores pesquisas, ocasião em que recebi o prêmio mundial de produção científica.

*Uma das dificuldades de vencer a inclusão
é a necessidade de articular a escola e a família.*
Orlando Terre Camacho

Quero aqui expressar minha gratidão aos especialistas, amigos e familiares que acreditaram no potencial do meu filho. E foi pelo amor sem fronteiras que me tornei Mãe Coragem.

*O principal objetivo da educação é criar pessoas capazes
de fazer coisas novas e não simplesmente repetir
o que as outras gerações fizeram.*
Jean Piaget

14

OPTEI PELA CIÊNCIA NA INTERVENÇÃO DOS MEUS FILHOS

Só existem escolhas quando se garante oportunidades de acesso. Uma história de uma professora inquieta que encontrou o caminho da ciência através da maternidade dos seus três filhos autistas. A maternidade foi o caminho da descoberta... Da ignorância à luz. Uma história de uma mãe que encontra um caminho eficaz para intervir e dar qualidade de vida aos seus filhos autistas, empoderando sua maternidade e seu olhar de educadora.

LILIANE SENHORINI CERRATO

Liliane Senhorini Cerrato

Professora de Educação Infantil e séries iniciais do Ensino Fundamental há 25 anos em escola pública. Licenciada em Pedagogia, com especialização em Gestão Escolar. Pós-graduada em Intervenção Precoce para TEA e DI. Pós-graduada em Intervenção ABA para Autismo e Deficiência Intelectual. Pós-graduanda em Psicopedagogia Clínica e Institucional e em Neuropsicopedagogia. Cursos, congressos e seminários referentes ao autismo como PECS, VB-MAPP, Habilidade Social no Autismo, Denver (Introdução), Estratégias Naturalísticas baseadas em ABA, entre outros.

Contatos
licerrato@hotmail.com
Facebook: @LilianeSenhorinicerrato / @somostea
Instagram: @somos_tea_

Há escolas que são gaiolas e há escolas que são asas.
Rubem Alves

Seja muito bem-vindo! Fico tão feliz em te encontrar aqui, pois com certeza temos muitas coisas em comum. Afirmo por já me sentir íntima. Trago nestas páginas momentos importantes da minha história que não contaria a qualquer pessoa.

Sou mãe de três pessoas no espectro autista. Essa maternidade atípica tem me impulsionado a descobertas ricas que desejo compartilhar contigo. Já te peço a licença de chamá-lo de amigo e espero que, ao terminar a leitura, você tenha encontrado, em cada palavra, a experiência dolorosa e libertadora de uma família atípica.

Desde menina, algo muito forte me convidava à educação, sonhava em ser professora. Mais que isso, meu maior desejo era fazer a diferença no mundo. O magistério foi a escolha para buscar esse caminho desafiador. Entre estudos que aumentavam meu repertório para me capacitar como professora, encontrei um livro lilás na biblioteca da escola diferente de tudo o que havia lido, com o título *Autismo*.

Não sei explicar, mas lembro o quanto esse tema me instigou, e não parei de ler até chegar a última página. Pela leitura daquele livro, esperava construir subsídios e técnicas para ensinar uma criança que apresentasse tais comportamentos.

Quanta tristeza senti ao ler aquele livro, de frases mais ou menos assim: "Autismo pode ser um trauma"; "Autismo é resultado da falta de vínculo entre mãe e filho". Recordo-me bem dos sentimentos que tomaram conta de mim. Sentia muito medo, que hoje justificaria como ignorância, e percebi o quanto a falta de conhecimento pode nos cegar e trazer afirmações preconceituosas. Ao terminar aquele livro afirmei: *"Eu jamais vou querer ter um 'aluno' autista!"*.

Trago essa lembrança com tristeza, pois infelizmente essas ideias e mitos influenciaram muitos profissionais. Sinto o quanto é perversa a pseudociência!

Não era comum o contato com crianças autistas, ouvia alguns comentários ali ou acolá de algumas pessoas que ficavam trancadas em casa e que não podiam viver em sociedade. Isso sempre me incomodava, não conseguia passar por esses comentários sem me sentir desconfortável. Hoje entendo que precisava ter essas experiências para embasar minhas escolhas.

Esse primeiro contato com o autismo direcionou o meu olhar de educadora por muitos anos até encontrar na educação infantil um menino autista. Seu nome era Henrique: lindo, sorridente e carinhoso.

Ele realmente não era nem de longe parecido com a descrição do livro lilás, e sua mãe era bastante envolvida nas questões escolares. Isso no início dos anos 2000.

A inquietação que narrei lá no começo do texto ficou ainda maior. Não imaginava que não seria somente *uma professora*, mas que a vida me daria a oportunidade de ser *mãe de três autistas*.

Passados dois anos dessa experiência, a maternidade chegava em minha vida; nascia meu primeiro filho, um menino muito inteligente, mas com um olhar distante. Sempre surpreendendo a gente, era bem diferente das crianças da sua idade, mas não trazia muitas preocupações.

Pensamos em dar um irmão ao Lucas, algo começava a nos incomodar. Marcelo (meu esposo) expressou a vontade de ter outro filho, na esperança de oferecer oportunidade de interação social.

Nascia o Rafael... quantos sonhos... quantos planos!

Tudo parecia caminhar bem, até que aquele menino risonho deixou de olhar pra mim, para o pai, para a tia Iraci e todas as pessoas que faziam parte do seu cotidiano. Ele não sorria mais, só virava as páginas dos livros, parecia não ouvir. Foi com essa queixa que começamos a buscar especialistas, a fim de entender e ajudar meu pequeno menino. Nessa hora, lembrei-me daquele livro lilás e juro que pensei: *"A culpa é minha; eu trabalho demais, eu não dei o amor que meu filho precisava e por minha causa ele virou Autista!"* (Chego a chorar só em lembrar.)

Ali se iniciava um dos maiores desafios de toda a minha vida! Depois de quase 14 anos da leitura sobre o autismo, esperava uma outra explicação que não fosse parecida com aquelas descritas naquele livro velho jogado na biblioteca. Infelizmente, a pseudociência foi a primeira a chegar, a explicação da mãe geladeira.

Aquela inquietação foi crescendo, sabia que tudo aquilo não era verdade, até por ter tido a experiência no ambiente escolar, mas ficava tudo muito confuso. Como alguém com tanta especialização pode estar errada? Em busca de caminhos diferentes daquelas explicações "nubladas", encontrei um médico psiquiatra que nomeava aquelas características do meu pequeno Rafa. Como havia imaginado, aquele menino de dois anos que sofreu uma cirurgia por suspeitar de perda auditiva não era surdo, mas sim "autista". Saí juntamente com meu esposo daquele consultório com muita dor, com um verdadeiro sentimento de "luto". Além do laudo, o psiquiatra infantil indicou o que fazer e esclareceu com muita propriedade que alguns tratamentos oferecidos na internet não funcionavam e que o único caminho seria intervenção baseada em evidência científica. Nesse momento, apresentou-nos a ABA.

Quando digo que optei pela ciência no tratamento dos meus filhos, poderia também mostrar que essa opção foi resultado da minha história, das contingências. Felizmente foi assim, talvez se eu tivesse encontrado um outro médico, poderia estar contando uma outra história.

Depois desse abrir de olhos, nada mais foi igual. Decidi buscar, conhecer um pouquinho dessa intervenção baseada em evidência. Estudar e estudar! Confesso que, até pela minha formação universitária em Educação, temas como "behaviorismo" não me traziam conforto; sentia na verdade uma aversão carregada de muita falta de informação.

Por indicação do mesmo médico não perdemos tempo, fomos acolhidos por duas excelentes terapeutas que tenho a honra de apresentar aqui, ambas com formação e experiência em ABA. Juliana e Eveline começaram a intervenção, porém como não tínhamos condições de pagar a quantidade de horas necessárias, a solução foi o treino de pais. Falo de uma época em que isso não era comum; não se falava em treinamento de pais, muito menos em tratamento com intensidade e interdisciplinaridade baseado em ciência.

Algumas coisas já começavam a fazer mais sentido, como o programa baseado em ABA, o número de horas, o tratamento multidisciplinar etc. Mas e a escola?

"Se existe algo que funciona e não oferecemos, estamos negligenciando o acesso à educação e também à saúde. Mas se existe algum lugar que seja possível oferecer intervenção com intensidade? Acredito que a melhor resposta seria: 'A escola'!"

Portanto, essa escola poderia também ser baseada em evidência científica ou este seria um sonho de uma mãe professora que experimentava na sua prática de sala de aula a *ineficiência de metodologias* e influências teóricas que não traziam sucesso. Mesmo ainda não conhecendo o que poderia ser eficaz, era bem claro que aquelas ideologias não me ajudavam como mãe e muito menos como educadora.

O Rafa teve a experiência da Escola de Educação Especial logo aos dois anos. Eu tinha medo daquele modelo de Educação que não se preparava para o diferente, mas, aos poucos, entendi que ele poderia ocupar sim os espaços em que outras crianças estavam, no entanto o medo era ainda muito forte.

Resolvi matricular meu filho em escola regular, sala comum, acreditando na possibilidade da inclusão. A primeira barreira foi a matrícula, seis escolas não aceitaram meu filho. A única que aceitou foi a escola pública!

Rafa foi muito bem atendido em suas necessidades; mesmo com muita falta de suporte do próprio sistema, a equipe daquela EMEI tinha muita vontade e sempre se mostrou engajada. Prof.ª Shirley, muito experiente e estudiosa, ofereceu adequações individualizadas. Sua prática pedagógica realmente funcionava, junto ao apoio de todos da unidade escolar. Era uma equipe maravilhosa, na qual também pude colaborar. Quanta saudade!

Depois da experiência em sala comum, optei mais uma vez pela educação especializada. Sabia que ele precisava de adequações e maior acompanhamento, o que não encontraria em salas comuns. Foi neste mesmo colégio que ele continuou.

Enquanto focava na busca por intervenção adequada, algo também começava a ficar mais evidente. Lembra do comportamento diferente do Lucas? Então, aquele menino inteligente que não apresentou atraso de linguagem, que aprendeu a ler antes dos coleguinhas da escola, super quieto, que brincava sempre sozinho, sim, aquele menino também não se parecia com os demais e sofria porque se sentia o diferente. Tudo me parecia confuso, pois ele não apresentava atrasos acadêmicos, mas mostrava inabilidades sociais.

Foram anos de investigação. Mesmo passando por duas universidades de referência, não se chegava a um diagnóstico.

Mesmo sabendo que o Lucas poderia estar no espectro, nenhum médico confirmava essa suspeita, e em paralelo Lucas sofria. Era um menino que não era verdadeiramente "atendido" em nenhuma escola. Foram seis escolas até chegar ao diagnóstico de Asperger (autismo leve). Infelizmente, a depressão chegou no início da adolescência!

Confesso que, ao receber o diagnóstico do Lucas, senti um alívio. Sei que ele sofreu muito. Autismo leve nem sempre é tão leve assim, muitas vezes a tristeza é resultado de tentativas de adequação social ou habilidades que não foram suficientes para a interação.

Lucas conseguia acompanhar a turma, porém apresentava muitas dificuldades de habilidade social; sofreu *bullying*, desenvolveu fobia social, infelizmente, sem o apoio das instituições escolares.

A resposta daquela inquietação foram as descobertas que se revelaram ao longo da minha história, da história da minha família.

Hoje entendo que...

"O peso da escolha não deve estar somente com a família, mas que cada um demonstre em sua área de atuação o que tem eficácia."

Há 4 anos estou tendo uma nova oportunidade, uma nova chance de fazer tudo diferente. Mesmo não estando em nossos planos, em meio à correria entre a escola (em que trabalho) e terapias, eu e minha família fomos abençoados por mais um menino!

Senti mesmo na pele que "Conhecimento" também traz "sofrimento", mas é muito melhor padecer sabendo. Digo isso, pois, nos nove meses de gestação, o Marcelo (marido) e eu nutrimos a esperança de ter um filho típico, porém conhecíamos a probabilidade genética.

Como é importante ter em mãos a informação, afinal tê-la gera o empoderamento!

Agora não havia mais teorias nubladas nem a pseudociência assombrando-me!

Direcionada à luz da razão, desde os primeiros dias de vida do pequeno Théo, já sabendo da chance de ele estar no espectro, comecei as estimulações em casa por meio de atividades lúdicas. Não queria perder tempo, por isso buscava aprender o possível com cursos, leituras e vídeos que traziam orientações baseadas na ciência. Foram momentos difíceis e de incertezas. Era uma mistura de medo e esperança, entre risos e lágrimas, entre brincadeiras e gracinhas sempre havia um olhar investigativo relacionando aqueles momentos da rotina com os marcos do desenvolvimento.

Mesmo querendo agarrar o desenvolvimento que em princípio parecia tão... tão "típico", mesmo eu registrando cada etapa como se tivesse o poder de não deixar o medo se tornar realidade, sem romantizar... Eu sofri!

Acredito que você já entendeu... Foi isso mesmo que aconteceu, no momento certo minha linda *lagarta se transformou em borboleta*. Meu terceiro menino que vinha se desenvolvendo tão bem chegou a um momento em que as habilidades não evoluíram em quantidade e qualidade; já era possível perceber os atrasos de desenvolvimento. Com menos de dois anos Theozinho recebeu o diagnóstico de TEA.

Théo, bem diferente dos irmãos, tem "pais treinados". O conhecido luto não nos roubou o sorriso. Não enterramos nossos sonhos, só aprendemos mais uma vez a sonhar!

Depois das experiências com os dois mais velhos, tenho repertório para escolher.

Ainda sei muito pouco, mesmo estudando muito! Minha maternidade atípica é a resposta para aquela menina que encontrou o livro lilás lá no magistério, aquela que procurava caminhos para ensinar e encontrou ideologias.

Conheci pessoas incríveis, entre elas o professor Lucelmo Lacerda, que me impulsionou a conhecer mais de perto o que é evidência científica e, além de ser minha referência, é meu professor e amigo da minha família.

Que alegria em terminar aqui nossa conversa...

Trago comigo a experiência dolorosa que me transformou. Depois do Rafa e do Lucas, tenho condições de "Escolher" o que funciona para o Théo.

"Eu optei pela... Ciência na intervenção dos meus filhos!"

15

PRÁTICAS BASEADAS EM EVIDÊNCIAS NAS POLÍTICAS PÚBLICAS: UM IMPERATIVO DA RACIONALIDADE DO ESTADO

Os bens socialmente desejáveis, determinados pelo povo em processos democráticos, devem ser perseguidos do modo mais eficiente, significando que sua ferramenta fundamental deve ser as práticas baseadas em evidências para as tarefas sociais fundamentais. A educação, como a mais elevada e basal tarefa social, deve ser a mais profundamente perscrutada sob o paradigma da ciência.

LUCELMO LACERDA

Lucelmo Lacerda

Doutor em Educação pela PUC-SP, com estágio pós-doutoral no Departamento de Psicologia da UFSCar, é mestre em História, historiador, psicopedagogo e pesquisador em autismo e inclusão sob o paradigma das Práticas Baseadas em Evidências. Atuou como especialista no Grupo de Trabalho Bicameral do Conselho Nacional de Educação – CNE, na elaboração das novas Diretrizes Nacionais de Educação Especial. É professor da Especialização em Autismo TEA/TDIC da Universidade Federal de Tocantins e da Especialização em ABA do CBI of Miami. Em 2017, publicou o livro *Transtorno do espectro autista: uma brevíssima introdução*.

Contatos
lunaaba.com.br
lucelmolacerda@gmail.com

Introdução

Práticas baseadas em evidências no serviço público, este é o nosso tema. Eu não falarei em geral, mas especificamente na Educação Especial, mas este é só um exemplo. Na verdade, o conceito fundamental que sustentamos aqui é que este deveria ser um *modus operandi* do serviço público, sob pena de trair seus preceitos fundamentais.

O constituinte brasileiro definiu que o Estado deveria oferecer um serviço público denominado Educação Especial, que é um conjunto de estratégias e recursos para que as pessoas definidas em outros textos legais, como aqueles com altas habilidades/superdotação, transtorno do espectro autista e pessoas com deficiência (LDB, art. 59), possam aprender em condições de igualdade, desenvolvendo plenamente suas habilidades. Não discutiremos se a Educação deve ocorrer na escola comum inclusiva ou em escolas especializadas, mas o que será apresentado pode ser pensado em ambos os contextos.

Decidir se ofereceremos recursos públicos para o aprendizado de pessoas com deficiência, autismo e altas habilidades não é uma questão científica, é uma questão política, que depende inteiramente dos valores professados por uma sociedade. A Constituição de 1988 não foi gratuitamente chamada de Constituição Cidadã, mas sim um documento marcante do compromisso do Estado Brasileiro com os direitos humanos, dentre os quais a afirmação da educação como direito inalienável.

Porém, é importante sinalizar, a este ponto, que o direito à educação não tem uma função que se esgota em si, mas aponta no sentido finalístico da aprendizagem. Assim, o valor humano fundamental perseguido pela oferta da educação é a garantia do desenvolvimento humano, a partir da aprendizagem acadêmica e social, de todos os cidadãos, incluindo aqueles que possuem condições com o TEA, que impõe a necessidade de recursos diferenciados para o mesmo desfecho.

Decidido no âmbito próprio, que são as instâncias democráticas, o valor fundamental (dos direitos humanos) e um direito específico que é parte de sua consubstanciação (a Educação Especial para a promoção da aprendizagem das pessoas em certas condições), é preciso ponderar sobre como seu objetivo pode ser alcançado. Considerando que outros valores fundamentais do Estado são a laicidade e racionalidade, é imperativo que o caminho a se trilhar para que o direito se efetive, isto é, não somente que seja materialmente acessível (a matrícula), mas que a finalidade da aprendizagem para a promoção da equidade social seja alcançada, que utilizemos as estratégias que já se mostraram eficazes para esse fim, sem que dependamos, para esse julgamento, da opinião de quaisquer pessoas, o que poderia levar a grave confusão, considerando a pluralidade de ideias e perspectivas natural da sociedade democrática.

Em busca das evidências

Essa questão de entregar a intervenção mais efetiva para a resolução de um problema foi enfrentada pela Medicina a partir da década de 1970, quando surgiu o movimento denominado *Medicina Baseada em Evidências*, que transformou toda a área e, rapidamente, se alastrou para outros campos, havendo, a partir disso, uma Psicologia, Fisioterapia, Serviço Social e, é claro, uma *Educação Baseada em Evidências*. Trata-se de duas grandes questões:

• formar profissionais que tenham a ciência como referencial e que estejam dispostos e preparados para se atualizarem de modo a serem capazes de encontrarem intervenções com a melhor evidência disponível, ainda que essa evidência científica tenha sido elaborada após o período de formação desse profissional, colocando a leitura, compreensão e replicação do conhecimento científico como um imperativo formativo e profissional;

• construir um arcabouço de conhecimentos metodológicos e epistemológicos que permita uma adequada estruturação dos dados científicos disponíveis, criando estruturas confiáveis para balizarem a prática aplicada, de modo que se saiba claramente quais tipos de pesquisa produzem evidência e que critérios elas devem cumprir para que sejam confiáveis.

Esse campo de estudos formulou os critérios fundamentais epistemológicos para pesquisas que se propõem a compor o *corpus* de dados para o reconhecimento de uma prática como "evidente", trata-se da: (a) veracidade – a presunção de boa-fé da pesquisa, aferida por ausência de conflitos de interesses, respeito a regras éticas e transparência de processos; (b) relevância – a posição relativa dos dados, pesando em favor ou desfavor de uma prática; e (c) suficiência – uma variável de relatividade entre o delineamento da pesquisa, o público estudado e a população a que a prática se destina, que possibilita afirmar a repercussão da pesquisa para além do universo de aplicação experimental ou coorte (THOMAS & PRING, 2007).

Seguidos esses preceitos epistemológicos fundamentais, é indispensável seguirmos para o campo metodológico, em que há três tipos de pesquisa capazes de afirmarem evidência de uma prática (HARBOUR; MILLER, 2001):

- Ensaios randomizados: em saúde, são chamados de ensaios clínicos randomizados e, em educação, de ensaios educacionais randomizados, em que a população-alvo é dividida em dois grupos, um experimental (que recebe a intervenção que se quer avaliar) e um controle (que fica na lista de espera da intervenção ou recebe uma atenção de resultado já conhecido – em caso de remédio, um placebo).
- Revisão sistemática: um balanço da literatura realizado por buscas com critérios prévios de inclusão e exclusão com vistas a evitar o enviesamento da busca por parte do pesquisador e que, neste caso, compara o resultado dos estudos empíricos mais rigorosos com os critérios de delimitação das práticas baseadas em evidências reconhecidas pelas instituições de pesquisa mais reconhecidas no campo específico de análise (COOK et al., 2014).
- Metanálise: revisão sistemática cujos estudos avaliados são integrados por meio de procedimentos estatísticos.

Em todos os casos, o que define o processo de reconhecimento de práticas baseadas em evidências não é o título formal de estudo randomizado, revisão sistemática ou metanálise, mas o cumprimento dos preceitos epistemológicos descritos e a apuração de critérios metodológicos rigorosos, que devem incluir necessariamente uma série de processos de controle científico que não cabe aqui discorrer (ESCOSTEGUY, 1999; HULLEY et al., 2015).

Quando cumpridos todos esses requisitos, chega-se a um ponto específico em que podemos afirmar com certeza que uma prática específica tem alta probabilidade de ser eficaz para um problema específico de pessoas distintas daquelas que participaram das pesquisas de validação, mas com condições semelhantes.

Nos EUA, desde o começo dos anos 2000 foi aprovada a lei *Nenhuma Criança Deixada para Trás*, que proibiu a utilização de práticas sem evidência científica na Educação Especial nas escolas públicas do país. Essa legislação delineou toda a restruturação do atendimento às crianças estadunidenses com transtorno do espectro autista, com foco especial na formação de profissionais.

Organizar um sistema público com base em práticas baseadas em evidências é uma tarefa árdua e de longo prazo e exige medidas estruturantes, como o financiamento de instituições de pesquisa com o objetivo de elaboração de revisões sistemáticas e a disseminação de seus achados para o estabelecimento de balizas para o fazer pedagógico fundamentado em ciência em todos os contextos do país.

Práticas baseadas em evidências em autismo

Uma das organizações que recebeu financiamento público para a elaboração de pesquisas com a descrição das práticas efetivas para intervenções focais em autismo foi o *National Clearinghouse on Autism Evidence and Practice* – NCAEP, que exibiu seu mais novo relatório em 2020, com a apresentação de 28 práticas baseadas em evidências para autismo (STEINBRENNER, 2020), como segue:

1. Intervenções baseadas no antecedente;
2. Comunicação alternativa e aumentativa;
3. Intervenção momentum comportamental;
4. Reforçamento diferencial de alternativo, incompatível ou outros comportamentos;
5. Instrução direta;
6. Ensino por tentativas discretas;
7. Extinção;
8. Avaliação funcional do comportamento;
9. Treino de comunicação funcional;
10. Modelação;
11. Intervenção naturalística;
12. Intervenção implementada por pais;
13. Instrução e intervenção mediadas por pares;
14. Dicas (*prompting*);
15. Reforçamento;
16. Interrupção e redirecionamento da resposta;
17. Autogerenciamento;
18. Narrativas sociais;

19. Treino de habilidades sociais;
20. Análise de tarefas;
21. Atraso de tempo;
22. Videomodelação;
23. Suportes visuais;
24. Exercício e movimento;
25. Intervenção mediada por música;
26. Instrução e intervenção assistida por tecnologia;
27. Cognitivo comportamental/estratégias de instrução;
28. Integração sensorial.

As práticas entre os números 1 e 23 são baseadas em análise do comportamento aplicada – ABA; as de 24 a 26 possuem estudos que se baseiam em ABA e também em outros referenciais. Já a prática 27 é baseada na ciência cognitiva e a 28, na integração sensorial de Ayres.

Sendo baseadas em ABA, as práticas 1 a 26 são integradas em um sistema orgânico e inter-relacionado a que usualmente denominamos *intervenção comportamental*, que pode ter lugar em serviços de saúde, mas que é especialmente factível em ambientes educacionais, com apoio ideal de equipe multidisciplinar, mas com papel decisivo de educadores analistas do comportamento (AUSTIN & CARR, 2000).

Considerações finais

Ter acesso às práticas baseadas em evidências para o transtorno do espectro autista, que se mostraram, portanto, eficazes para a melhoria da sintomática da condição, é um direito humano das pessoas com autismo e suas famílias. O Estado brasileiro, ao financiar práticas sabidamente ineficazes ou sem efetividade demonstrada, no âmbito da saúde e da educação da pessoa com o TEA, incorre na violação inequívoca aos princípios da economicidade (considerando que esses indivíduos tendem a ser mais dependentes do Estado e economicamente não aproveitados), da racionalidade (considerando que entre financiar práticas efetivas ou não ao fim a que se destina não deveria provocar qualquer dúvida) e da dignidade humana (considerando que o potencial máximo desse indivíduos não será alcançado sem o apoio necessário).

É preciso observar também, à guisa de conclusão, que a opção pelo paradigma das práticas baseadas em evidências não significa que é necessária uma maior alocação de recursos públicos para o serviço em questão. O que já é gasto nos serviços de inclusão escolar, se dispendido adequadamente, traria resultados muito mais expressivos em todas as métricas que se possa referenciar, tais como os problemas mentais entre docentes, níveis de retenção e aprovação escolar, evasão, abandono e, principalmente, de aprendizagem escolar da população que é atendida pelo serviço de Educação Especial.

Referências

AUSTIN, J.; CARR, J. E. (eds.). *Handbook of applied behavior analysis.* Reno, NV: Context Press, 2000. p. 61-90.

COOK, B. *et al.* Council for Exceptional Children: Standards for evidence-based practices in special education. *Teaching Exceptional Children,* v. 46, n. 6, p. 206, 2014.

ESCOSTEGUY, C. C. Tópicos metodológicos e estatísticos em ensaios clínicos controlados randomizados. *Arq. Bras. Cardiol.,* v. 72, n. 2, p. 139-43, 1999.

HARBOUR, R.; MILLER, J. A new system for grading recommendations in evidence based guidelines. BMJ: *British Medical Journal,* v. 323, n. 7.308, p. 334, 2001.

HULLEY, S. B.; CUMMINGS, S. R.; BROWNER, W. S. *et al. Delineando a pesquisa clínica-4.* Artmed Editora, 2015.

ORSATI, F. T. *et al. Práticas para a sala de aula baseadas em evidências.* São Paulo: Memnon, 2015.

STEINBRENNER, J. R. *et al. Evidence-based practices for children, youth, and young adults with autism.* Estados Unidos: National Clearinghouse on Autism Evidence and Practice Review Team. Disponível em: <https://ncaep.fpg.unc.edu/sites/ncaep.fpg.unc.edu/files/imce/documents/EBP%20Report%202020.pdf>. Acesso em: 27 de maio de 2021.

THOMAS, G.; PRING, R. (orgs.). *Educação baseada em evidências:* a utilização de achados científicos para a qualificação da prática pedagógica. Porto Alegre: Artmed, 2007.

16

TEA E FUNÇÕES EXECUTIVAS

A relação entre funcionamento cerebral, desenvolvimento, maturação e os impactos nos comportamentos executivos no TEA - transtorno do espectro autista.

LUCIANA XAVIER

Luciana Xavier

Formada pela UMESP – CRP 51507-8 e especialista em neuropsicologia pelo Instituto de Psicologia Aplicada IPAF. Especialista em atrasos do desenvolvimento e intervenção precoce; e especialista em ABA (análise do comportamento aplicada), pelo CBI of Miami. Atua na prática clínica há mais de 20 anos, à frente dos setores de avaliação neuropsicológica, psicoterapia, orientação aos pais e na direção clínica e supervisão da equipe que leva seu nome, voltada a avaliação, diagnóstico e intervenção na área da saúde mental em geral, com núcleo especializado para o autismo. Palestrante, professora de pós-graduação, escritora, leva conhecimento sobre o cérebro, sobre seu funcionamento e as interfaces com o autismo e outros transtornos do desenvolvimento, assim como da aprendizagem e transtornos psíquicos. Membro da Sociedade Brasileira de Neuropsicologia SBN-p, do projeto em Angola "Capacitar para cuidar" e Conselheira profissional da REUNIDA – Rede Unificada Nacional e Internacional pelos Direitos dos Autistas.

Contatos
www.neuropsicolux.com.br
neuropsicolux@gmail.com
Instagram: @neuropsicolux
11 94347-6881

As funções executivas são um conjunto de habilidades que, de forma integrada, nos permitem direcionar comportamentos a metas, verificarmos e adequarmos nossas condutas. Relacionam-se também ao ato de abandonar estratégias pouco eficazes em favor de outras mais eficazes ou, ainda, mais adequadas. Além disso, à capacidade de resolver problemas, fazer escolhas e, também, às habilidades necessárias para lidar com grupos e às demandas comuns da vida adulta. As funções executivas consistem em um grupo de habilidades (planejamento, flexibilidade, controle inibitório, memória de trabalho e fluência) relacionadas à adaptação do indivíduo às rotinas do cotidiano, sendo também a base para o aprendizado de novas habilidades. Assim, estão intimamente ligadas ao convívio social e à funcionalidade do indivíduo ao meio. Por isso, é justificada a riqueza e importância de abordarmos e informarmos sobre esse tema, que deve ser incluído nos processos de avaliação e de tratamento de pessoas com autismo. Atividades como planejar o dia, um passo a passo, monitorar sua atuação e adaptá-las a mudanças, ou seja, flexibilizar, inibir impulsos, tolerar frustrações, são consideradas provenientes das funções executivas, que atuam como um grande diretor, o maestro de todo o cérebro.

Ao longo dos anos em que atendo e acompanho o autismo em crianças, adolescentes, adultos e seus familiares, percebo e relaciono muitas queixas, alterações cognitivas e do comportamento às disfunções do tipo executivas. Daí a importância de relacionar o tema ao TEA em duas grandes esferas, a avaliação neuropsicológica desses pacientes e a terapêutica, que deve incluir e objetivar a aquisição, o aumento ou, ainda, maior funcionalidade das habilidades citadas, que fazem parte do conjunto chamado funções executivas.

Como se constituem

As funções executivas estão intimamente relacionadas à adequação e ao controle do comportamento. São funções mais refinadas, as últimas a amadurecerem e, segundo os pressupostos teóricos de Luria, constituem a terceira unidade cerebral, localizadas no córtex frontal, especialmente na região pré-frontal, muito próximas ao córtex parietal. Por isso, a íntima relação com a motricidade, como a agitação motora muito encontrada entre os diagnosticados com TEA e as alterações sensoriais ou ainda presentes nos casos de TDAH - transtorno do déficit de atenção e hiperatividade.

Também estão intimamente conectadas ao pensamento abstrato, ou seja, a capacidade de análise e síntese, o que explica, mais uma vez, sua relação com o TEA quando verificamos prejuízo na teoria da mente e coerência central, assim como a rigidez e maior tendência ao pensamento mais concreto e literal. São um modo de funcionamento que se relaciona com a falta de flexibilidade mental, que dificulta a quebra e adoção de novos padrões, um obstáculo que se manifesta no TEA, pelo padrão de preferência por rotinas, dificuldades com mudanças e a presença de comportamentos repetitivos, estereotipados e restritivos.

A terceira unidade cerebral, ou a unidade que abarca as funções executivas, encontra-se mais amadurecida no final da adolescência e início da vida adulta, ou seja, após toda uma curva de desenvolvimento, na qual devem ocorrer diversas e intensas trocas com o meio. É uma fase de intenso aprendizado, seja ele formal ou informal, que envolve a aquisição de capacidades cognitivas e emocionais, o que irá assim facilitar a habilitação ou aquisição, pleno funcionamento da sua última unidade cerebral extremamente refinada e que permitirá à pessoa condutas adequadas, reguladas e moduladas, inclusive a atenção voluntária, a tomada de decisões e o senso crítico apurado.

Muitos teóricos também comparam o córtex pré-frontal a uma espécie de censura, de regulação. Costumo usar a metáfora de um funil, com gargalo largo, referindo-me às primeiras unidades cerebrais, responsáveis pela recepção de estímulos e pelo processamento das informações vindas do meio, como o início do funil, ou seja, mais largo, mas que se estreita em sua saída, ou seja, afunila, como acontece em nosso córtex. A terceira unidade cerebral muito se relaciona a funções mais elaboradas, ao uso do pensamento operante e permite a utilização de suas potencialidades totais, pois ela se refina, seleciona, refreia e organiza. São funções de suma importância para o dia a dia das pessoas, para a realização de tarefas, a aprendizagem e, sobretudo, para a socialização e adaptação ao meio, permitindo e colaborando em atuações funcionais e reguladas.

No desenvolvimento típico, sem intercorrências ou outras condições que afetam a curva de desenvolvimento e com estimulação adequada, percebemos que essa área cortical se desenvolve aos poucos, já sendo possível perceber sinais de funções executivas mínimas ou primárias desde muito cedo. No entanto, quando falamos em atrasos no desenvolvimento ou desenvolvimento atípico, como no caso do autismo, percebemos prejuízos significativos desde muito cedo e que se estendem durante toda a infância e até mesmo na vida adulta, refletindo em pouco controle dos impulsos e uma desorganização cognitiva e emocional, que impacta muito em seus comportamentos no meio, em sua adequação perceptiva tanto de si como do outro e do meio, o que dificulta bastante seu aprendizado e suas relações.

Para o aprendizado, precisamos de diversos ingredientes, como atenção, memória, organização, fazer associações, ter *"insigths"*, ou seja, conexões entre o novo e o que já sabemos. Além disso, aprendizagem se relaciona intimamente a afeto, aprendemos tudo aquilo a que de alguma forma nos conectamos, nos faz sentido, nos toca, motiva e nos reforça. Funções como noção de perigo, controlar-se diante de uma frustração, saber esperar, fazer comentários pertinentes, entender a intenção do outro, agir dentro das expetativas e exigências de tal situação são todos pré-requisitos importantes para o convívio no meio social e, principalmente, para a sua funcionalidade.

Ao longo da infância, recebemos estímulos, habilitando circuitos cerebrais, refinando esses circuitos, sofrendo podas neuronais, ou seja, podas de circuitos desnecessários, e tornando assim cada vez mais nosso pensamento refinado e operante, pronto para ser utilizado de modo funcional, saudável e autônomo nos períodos seguintes. Assim, fica evidente que qualquer comprometimento funcional ou atraso na habilitação dessa área irá impactar seriamente em todo o funcionamento e adaptação da pessoa.

As funções executivas atingem sua maturidade mais tardiamente em relação às outras funções, porém esse desenvolvimento se inicia já no primeiro ano de vida, com desenvolvimento intenso entre 6 e 8 anos, um marco importante aos 10 anos, indo até o final da adolescência e início da vida adulta em pleno desenvolvimento.

Prejuízos nas funções executivas e a relação com o autismo

Dificuldade em compreender os sentimentos do outro, sob a perspectiva do outro, o entendimento de falsas crenças, reconhecer expressões faciais e estabelecer sequências lógicas, assim como fazer uso da atenção compartilhada e empatia, são muito encontradas entre os diagnosticados com autismo e o que chamamos de teoria da mente. Pessoas com TEA podem apresentar também dificuldade de analisar o todo, em uma lógica coerente central, atendo-se a detalhes ou parte da informação e perdendo a visão de todo, explicando assim que os déficits na interação não se relacionam apenas com a dificuldade de comunicação, mas vão muito além: relacionam-se com déficits na capacidade de compreender as pistas sociais e no manejo, ou o chamado "traquejo" social, pelo déficit ou prejuízo justamente na constituição e no amadurecimento das funções executivas. Portanto, os três grandes domínios prejudicados no autismo podem se relacionar a funções executivas. São eles: a interação social recíproca, a comunicação e a presença de atividades e comportamentos restritos, repetitivos e estereotipados. Dentre os principais prejuízos cognitivos estão déficit de teoria da mente, prejuízo na coerência central e déficit nas funções executivas.

O hiperfoco, muito presente no autismo, relaciona-se intimamente ao prejuízo da função executiva, já que envolve falta de flexibilidade, pois quando o sujeito se foca excessivamente em um único ponto ou assunto, não percebendo o contexto em volta, desligando-se desse todo coerente e se mantendo atento ou interessado apenas em seu foco no momento, desprezando se isso cabe ou não àquela situação, se interessa ou não àquelas outras pessoas, não conseguindo fazer essa leitura global e adaptada, ele se afasta do contexto social.

Já a capacidade de planejamento envolve uma sequência de ações que precisam ser avaliadas e monitoradas e, até mesmo, flexionadas durante a execução. Imagine fazer uma prova na escola: a pessoa precisa ter se preparado, precisa adequar suas respostas, flexibilizá-las, precisa atentar-se somente àquilo, desprezando estímulos distratores, ou seja, é necessário fazer uso de suas funções executivas, controle inibitório, flexibilidade, uso do pensamento, atenção voluntária, planejamento, verificação de sua atividade, reler a prova ao final, verificar suas respostas, tolerar frustrações, lidar com erros, perdas etc. Este é apenas um exemplo do cérebro atuando em uma atividade que exige muito das funções executivas. Seguir uma receita passo a passo também é outro exemplo nítido de funções executivas em ação. O próprio brincar solitário ou em grupo envolve funções executivas, atentar-se às regras, desempenhar papéis na brincadeira, organizar os brinquedos, planejando uma brincadeira simbólica, observar o comportamento dos outros e adequar o seu em função do comportamento ou das pistas sociais daquela situação. Separar panelinhas, bonecas e outros utensílios são atividades de planejamento que envolvem organização, seleção, flexibilidade, tolerância à frustração, ou seja, as funções executivas estão em plena estimulação, desenvolvendo-se, para mais tarde atuarem ainda de modo mais eficaz e cada vez mais refinado.

Avaliação e tratamento

Funções executivas são assim desenvolvidas, construídas, por isso toda intervenção deve visar alcançar o desenvolvimento dessa área cerebral, permitindo um funcionamento orquestrado da magnífica máquina chamada cérebro. Diversas ferramentas podem e devem ser incluídas nos protocolos de avaliação neuropsicológica, nos quais se tem a hipótese diagnóstica de autismo. Essas ferramentas, tarefas ou testes devem nos informar como está o funcionamento executivo, atentando que a presença de comportamentos perseverativos, a limitação para mudar de estratégias e a rigidez comportamental têm sido muito associadas a falta de planejamento e falta de flexibilidade cognitiva no TEA. Os comportamentos disruptivos, impulsivos, mais agitados, como intensa busca sensorial, também podem se relacionar à falta de controle inibitório e dificuldades atencionais, assim como as verbalizações e ações inadequadas em um contexto.

Outra dificuldade muito descrita de modo sucinto, como a de comunicação, pode ser mais bem verificada e, assim, facilitar o processo de intervenção, quando a detalhamos e entendemos sua relação com a função executiva. Quando afirmamos que a pessoa tem dificuldade para se comunicar, precisamos nos atentar à sua capacidade de se adaptar a mudanças (flexibilidade), de atuar reconhecendo e atendendo às exigências da situação (análise/síntese e automonitoramento) e incluir a verificação de uma das habilidades relacionadas à função executiva e ainda pouco explorada, a fluência, ou seja, a capacidade de organizar e executar um diálogo, de dar continuidade a uma conversa, de evocar informações relevantes, palavras que se conectam de modo coerente àquela conversa.

Assim, uma avaliação neuropsicológica deve responder e detalhar o funcionamento da terceira unidade cerebral, permitindo definir melhor o plano de intervenção, que poderá incluir atividades que facilitem o desenvolvimento e amadurecimento das habilidades necessárias ao bom funcionamento executivo. Alguns exemplos dessas atividades são associação, dedução, adequação perceptiva, postergação da resposta, inibição de impulsos e automonitoramento, atividades que irão facilitar a estimulação dessa área riquíssima e tão necessária para uma boa atuação, adaptação e aprendizagem constante, assim como para um funcionamento emocional saudável e equilibrado. O cérebro, suas unidades funcionais e os danos a estes relacionados nos explicam muito dos prejuízos em indivíduos com TEA e estão sendo cada vez mais estudados e detalhados para facilitar, assim, os ganhos terapêuticos, permitindo maior eficácia nos tratamentos e, consequentemente, uma condição de vida cada vez mais funcional e saudável.

Referências

FUENTES, Daniel (comp.). *Neuropsicologia:* teoria e prática. Porto Alegre: Artmed, 2008.

MARANGONI, Simone; RAMIRO Vanda (comp.). *Fundamentos da neuropsicologia clínica sócio-histórica.* Ipaf Editora, 2012.

SEABRA, Alessandra Gotuzo (comp.). *Avaliação neuropsicológica cognitiva:* atenção e funções executivas. São Paulo: Memnon, 2012.

SEABRA, Alessandra Gotuzo (comp.). *Teoria e pesquisa em avaliação neuropsicológica.* São Paulo: Memnon, 2009.

17

A IMPORTÂNCIA DO PEI NA INCLUSÃO ESCOLAR

Um dos princípios da educação inclusiva é que toda pessoa aprende, independentemente do seu laudo, e isso requer da escola estratégias pedagógicas diversificadas, focando nas habilidades e necessidades de cada aluno. Só assim se torna viável uma participação em igualdade de oportunidades. A seguir, falaremos sobre PEI, sua importância e como deve ser planejado para que a inclusão nas escolas aconteça de fato.

MÁRCIA RIBEIRO

Márcia Ribeiro

Pedagoga graduada pela Uniseb (2012), pós-graduada em Neuropsicopedagogia Clínica e Educação especial Inclusiva (Faculdade São Fidelis). Pós-graduada em Análise do Comportamento Aplicada ao Autismo (UFSCar – Universidade Federal de São Carlos). Formação em cursos livres: Curso de Manejo de Comportamentos Disruptivos, Alfabetização de crianças com TEA, Adaptação de Currículos e Materiais para Crianças com TEA, Curso do Protocolo de Avaliação VB-MAPP, Curso do Protocolo de Avaliação ABBLS-R, Curso de Aplicador ABA, Curso de Segurança em Crises Agressivas (AMA), Curso de sobre PEI (Plano de Ensino Individualizado), Ensino de Matemática para Pessoas com TEA (AMA).

Contatos
contato.marciaribeiro01@gmail.com
Facebook: @marcianeuropsicopedagogaespecialistaemaba /
@videosedicassobreautismoaprendizagemeinclusao
Instagram: @aba_marciaribeiro

Plano de ensino individualizado (PEI)

Incluir alunos com necessidades educacionais especiais em salas regulares de ensino nos dias de hoje tem sido uma grande dificuldade tanto para a escola quanto para os professores. Aquela criança que aprende de maneira diferenciada das demais, ou em outra velocidade, ou possui algum transtorno que dificulta a aprendizagem tem sido um grande desafio para os professores em geral, pois exige da equipe escolar um olhar mais individualizado para essa criança, observar quais são suas potencialidades e suas dificuldades. Afinal, todas as crianças aprendem só que de maneira diferente, e essas particularidades devem ser alvo de observação de toda a equipe escolar que atua junto à criança. A inclusão pressupõe uma escola que se ajuste a todas as crianças, ao invés de esperar que uma determinada criança com deficiência se ajuste à escola, pois o próprio termo educação inclusiva supõe a disposição da escola de atender à diversidade total das necessidades dos alunos nas escolas comuns.

Falar sobre PEI para alguns professores ainda pode soar como algo novo, muito embora seja uma ferramenta de suma importância em sala de aula. Muitos professores, por estarem sobrecarregados, acabam infelizmente por não darem a devida atenção a isso.

Porém, para que a aprendizagem ocorra de fato é necessário que o currículo da sala comum seja repensado levando em consideração as particularidades da criança com necessidades educacionais especiais. Para isso é imprescindível elaborar um PEI.

Mas afinal de contas o que é PEI?

O PEI (Plano de Ensino Individualizado) é o principal documento norteador da inclusão. Ele é a base de todo o processo, composto por um tripé: "Avaliação, planejamento e intervenção". Ele deve conter as

Márcia Ribeiro | 151

tabelas com as metas e objetivos prioritários, as estratégias de ensino e aprendizagem utilizadas

O PEI é a efetivação do direito à educação e do direito à igualdade, pois visa tratar com respeito e dignidade as diferenças, eliminando qualquer barreira para que o aluno consiga acompanhar o currículo garantindo a plena inclusão escolar, portanto: sem PEI não há inclusão escolar.

O PEI se encontra na legislação, porém de forma subjetiva. Alguns documentos legais citam PDI (plano de desenvolvimento individual) e ACI (adaptação curricular individual), que apresentam uma concepção ainda inicial no processo da inclusão, mais centrado no aluno e nas adaptações específicas para ele somente. O PEI poderá guiar o plano de atendimento educacional especializado, assim como a sala de aula inclusiva ou outros atendimentos e demandas apresentadas pelos alunos, pois se trata de um plano de metas e é importante que seja elaborado de forma coletiva, mas mediada pelo professor da sala de recursos, ou profissional da psicopedagogia, ou psicologia, que irá organizar todos os dados coletados, propor as reuniões de planejamento e devolução, acompanhar o andamento e documentar o processo.

Está amparado pela Legislação Federal (Lei de Diretrizes e Bases da Educação – Lei 9394/96), que orienta o atendimento de alunos com necessidades educacionais especiais decorrentes de deficiências e condutas típicas. Também é possível encontrar na publicação de 1998 do Ministério da Educação e Cultura (MEC) o documento referente aos "Parâmetros Curriculares Nacionais", que descreve como deve ser realizado o PDI (Plano de Desenvolvimento Individualizado).

O documento leva em consideração a proposta pedagógica da escola adequando às possibilidades pedagógicas e cognitivas do educando em questão, assim como oferece estratégias, modificações e adaptações necessárias e também orientação acerca das características de seu aluno. Seu objetivo é atender às dificuldades de aprendizagem decorrentes das necessidades especiais do aluno e favorecer sua escolarização. Esse documento deve ser elaborado por todos que participam da vida da pessoa com deficiência: pais, professores, terapeutas etc.

A escola tem por obrigação elaborar o PEI de todos os alunos inclusos, pois não basta somente garantir a matrícula da criança, ela precisa garantir que esse aluno tenha o direito ao aprendizado e que ele seja protagonista da sua própria história escolar, pois o aluno não é da sala de recursos multifuncionais, ou dos profissionais especializados de suporte, mas de toda a escola, de todos os atores envolvidos no seu processo de desenvolvimento.

Caso a escola não elabore PEI, os pais podem fazer a solicitação via requerimento administrativo em duas vias, e a escola, por sua vez, tem um prazo que varia de trinta dias até três meses no máximo para elaborar.

Os responsáveis por escrever o PEI são os professores da sala de recurso AEE, que irão avaliar as habilidades que o aluno possui juntamente com os professores da sala comum, que avaliam as competências e, juntos, constroem um plano efetivo de atendimento das necessidades desse aluno, começando sempre pelas habilidades.

A elaboração de um PEI se inicia pela avaliação, com a aplicação do Inventário de Habilidades, para que, a partir daí, o professor comece a conhecer o aluno. Em seguida deve ser feita uma anamnese com a família a fim de conhecer o histórico de vida desse aluno.

Depois de aplicado o Inventário é feita a anamnese com a família, podendo-se estabelecer objetivos, metas e prazos. É importante ressaltar que as metas e objetivos devem sempre ser traçados de acordo com as habilidades do aluno.

Os recursos pedagógicos, bem como a metodologia de ensino, que serão utilizados devem propiciar a participação do aluno nas atividades juntos aos seus pares. Todo o processo deve ser avaliado levando em consideração os objetivos já alcançados e proporcionando novos desafios para que o aluno sempre tenha avanço na sua aprendizagem.

O inventário de habilidades deve conter:

- *Comunicação oral.*
- *Leitura escrita.*
- *Raciocínio lógico matemático.*

Prazos são definidos de acordo com a necessidade do aluno. O ideal é que não ultrapassem 3 meses. Embora o PEI seja um documento anual, ele deve ser avaliado bimestralmente, para que seja revisto pela equipe se os objetivos e metas estão sendo alcançados ou se é necessária alguma modificação.

Na construção do PEI, é de suma importância que a família participe do processo não somente na descrição de uma anamnese, mas na construção sistêmica.

É importante saber quem vive na casa, como é o relacionamento interfamiliar, quem exerce maior influência na vida da criança. Como e com quem ela costuma brincar, como se alimenta, como aprende? Quais os hábitos dessa família? E assim por diante. Deve-se entender que precisamos centrar na família para compreender o contexto, pois ela tem muito a contribuir e um papel importante no histórico de vida

Márcia Ribeiro | 153

da criança, que é um sujeito com uma história e hábitos que precisam ser analisados. Ele não deve ser visto a partir da sua deficiência, pois são apenas aspectos, nunca devemos nos esquecer que, por trás do diagnóstico, existe um ser humano.

Uma vez construído o PEI, é importante que a família assine um termo de que está ciente.

O PEI serve para nortear as adaptações de currículo na sala comum, pois trará quais habilidades que o aluno tem desenvolvidas e quais as que estão sendo trabalhadas na sala de recurso e, a partir daí, o professor da sala comum consegue fazer todas as adaptações curriculares necessárias para o aluno.

Na primeira infância, o PEI é feito observando os marcos do desenvolvimento infantil, pois o currículo é muito mais funcional. É importante observar como essa criança se comporta diante do grupo.

É preciso salientar que a obrigatoriedade das escolas é a avaliação das habilidades acadêmicas e pré-acadêmicas, porém outras escalas de avaliação cientificamente validadas, como VB-MAPP, ABBLS, AFFLS e PORTAGE, são de suma importância e podem e muito contribuir na elaboração do PEI. Essas avaliações podem ser feitas pela equipe clínica da criança, mas o ideal seria que os professores das salas de recurso tivessem domínio também sobre essas escalas de avaliação para que, no processo de elaboração do PEI, os objetivos pensados para cada criança sejam bastante precisos.

O PEI começa na sala de recursos com a aplicação do inventário de habilidades e avaliação diagnóstica e termina na sala comum, com as adaptações feitas pelo professor para sua disciplina, seja ela geografia, história etc.

O que não podem faltar na elaboração de um PEI:

1. Conhecer as habilidades do aluno: são os conhecimentos que a criança já possui e as habilidades específicas do aluno é que irão identificar o repertório de partida.

2. Conhecer os déficits e as áreas que a criança tem dificuldade e o que está ausente em seu repertório em relação à aprendizagem.

3. Estabelecer metas e **objetivos de ensino** tendo em vista sempre o objetivo final para, a partir dele, traçar as metas de curto e médio prazos, visando sempre à aprendizagem e à autonomia do aluno.

4. Conhecer o aluno: para isso, uma anamnese com a família é imprescindível para conhecer esse perfil.

5. Elaboração do cronograma: com as metas traçadas, determinar como e quando elas serão executadas.
6. Avaliação: realizar o registro avaliativo do aluno organizando os procedimentos e avaliando as metas alcançadas.

Especificamente para pessoas com transtorno do espectro autista é importante analisar: interação social, comunicação verbal e não verbal, comportamentos repetitivos, interesses restritos e processamento sensorial. O PEI também deve conter as metas pensadas para o aluno que devem ser reavaliadas de forma periódica, como bimestralmente. Além das metas, quais são os recursos específicos e materiais de apoio, que serão necessários e utilizados para o aluno assimilar os conteúdos e alcançar as expectativas de aprendizagem e demais metas estipuladas.

É importante citar que no PEI podemos colocar também metas de socialização para esse aluno, principalmente se ele estiver dentro do espectro autista (TEA).

Ao final do período determinado, reavalia-se o PEI e estabelecem-se novas metas.

É importante que os pais tenham acesso a esse documento para que possam participar e auxiliar em todo o processo, bem como os profissionais terapeutas que atuam com a criança.

O PEI é uma ferramenta e tanto para o professor e equipe pedagógica, pois norteia os processos de aprendizagem, flexibilizações curriculares e demais pontos elencados como prioritários, traz maior segurança na prática diária, evita ansiedade e, mais do que tudo, proporciona que o aluno seja visto de forma integral, individualizada e humanizada.

Para que um modelo educacional seja de fato estruturado, ele deve definir-se pela compreensão das possibilidades e singularidades do aluno. O plano ou programa de intervenção deverá ser elaborado na exata medida para aquela criança e não para todos ou qualquer um que apresente um diagnóstico similar. O mais importante é perceber a pessoa por trás do diagnóstico, conhecer suas possibilidades, construir pontes e analisar caminhos.

Assim, o PEI é

Um documento que resume o processo construído, documento formal que garante o direito à equidade educativa dos alunos com necessidades educativas de caráter permanente; um instrumento de trabalho que descreve o perfil de funcionalidade e oferece as respostas educativas específicas requeridas por cada aluno em particular; um documento que responsabiliza a escola e os encarregados de educação pela implementação de medidas educativas que promovam a aprendizagem e a participação dos alunos com necessidades educativas especiais de caráter permanente; um instrumento dinâmico que deve ser regularmente revisto e reformulado, uma vez que se fundamenta em uma avaliação compreensiva e integrada do funcionamento do aluno, passível de sofrer alterações.

Um registro sistemático das ações, que não só orientam as propostas, mas documentam os percursos, sendo base para acesso a direitos como: aceleração, terminalidade específica, atendimento educacional especializado, adaptações curriculares e acesso à tecnologia assistiva.

PEI não é

Plano de aula ou de trabalho, lista de estratégias de ensino, declaração de intenções e achismos, mecanismo para aprovação automática do aluno. Por fim:

> Ensino é o arranjo das contingências de reforço que acelera a aprendizagem. Um aluno aprende sem que lhe ensinem, mas aprenderá mais eficientemente sob condições favoráveis. (B. F. Skinner)

Referências

BRASIL. Ministério da Educação. Secretaria de Educação Especial. *Política Nacional de Educação Especial na Perspectiva da Educação Inclusiva.* Brasília: MEC/SEESP 2008.

BRASIL. Ministério da Educação. Secretaria de Educação Especial. *Proposta de diretrizes nacionais para a educação especial na educação básica numa perspectiva de educação inclusiva.* Brasília: MEC/SEESPP, 2009.

BRASIL. *A educação especial na perspectiva da inclusão escolar*: a escola comum inclusiva. Brasília: MEC/SEESP, 2010.

BRASIL. Decreto n. 7.811, de 17 de novembro de 2011. Dispõe sobre a educação especial, o atendimento educacional especializado e dá outras providências.

BRASIL. Decreto n. 8.368, de 2 de dezembro de 2014. Regulamenta a Lei n. 12.764, de 27 de dezembro de 2012, que institui a Política Nacional de Proteção dos Direitos da Pessoa com Transtorno do Espectro Autista.

BRASIL. Nota Técnica n. 24/2013/MEC/SECADI/DPEE. Orientação aos Sistemas de Ensino para a implementação da Lei n. 12.764/2012

BRASIL. Lei n. 13.146/2015. Institui a Lei Brasileira de Inclusão da Pessoa com Deficiência (Estatuto da Pessoa com Deficiência).

18

AMPLIANDO O OLHAR PARA A SELETIVIDADE ALIMENTAR NO AUTISMO

Saiba como lidar com o processo de seletividade alimentar e rigidez comportamental diante de novos alimentos. Como o educador e outros funcionários, principalmente da cantina, podem colaborar com as famílias nesse processo tão árduo pelo qual passa grande parte dos autistas.

MARIANA MARQUEZE KASTROPIL

Mariana Marqueze Kastropil

Formada em Nutrição pela UNIFIL (2008). Pós-graduada em Nutrição Clínica e Metabolismo pela UEL (2009). Pós-graduada em Fitoterapia Funcional (Instituto VP – UNICSUL) (2019). Pós-graduada em Nutrição Clínica Funcional (Instituto VP – UNICSUL) (2019). Membro da Sociedade Brasileira de Nutrição Funcional (IBNFuncional). Certificação ISAK L1 (MEDSIZE). Proprietária do Espaço Mariana Kastropil Nutrição, atuando na área clínica desde 2008.

Contatos
www.marianakastropil.com.br
contato@marianakastropil.com.br
Instagram: @marianakastropil.nutricao
11 98468-9800

Que seu remédio seja seu alimento,
e que seu alimento seja seu remédio.

Hipócrates

A educação alimentar e nutricional deve estar interligada a um processo de formação que sirva de apoio para as tomadas de decisão posteriores, auxiliando, assim, o direito do indivíduo de se tornar autônomo das suas próprias escolhas.

A formação dos hábitos alimentares se inicia na infância. Com isso, é imprescindível que se tenha a introdução de conceitos sobre a alimentação no período escolar. Tendo em vista que os comportamentos referentes à alimentação estão sendo adquiridos nessa etapa e os erros alimentares podem ocorrer, como o consumo demasiado de doces e gorduras e o baixo consumo de hortaliças, legumes e frutas.

Então, para um melhor entendimento de fatores internos e externos do aluno, essa fase é o melhor momento para intervenções de educação alimentar e nutricional, visando à garantia do crescimento e desenvolvimento da criança, aliado à construção de processos educativos que sejam eficazes na mudança do padrão alimentar delas, repercutindo até a vida adulta.

Há três aspectos marcantes registrados no fator alimentar em grande parte dos autistas: recusa, seletividade e indisciplina.

Essas características limitam a variedade de alimentos e podem levar as crianças a certas carências nutricionais, além de uma alimentação inadequada e desregular. Por isso, sugere-se a necessidade de intervenções sobre os fatores alimentares dessas crianças.

A queixa e angústia familiar frente à recusa de alimentos

Alimentação é um assunto muito delicado e uma queixa bastante frequente dos pais de filhos com autismo. Não apenas pela angústia e risco de deficiências nutricionais, mas pelo momento da refeição se tornar estressante. Para pessoas com transtorno do espectro do autismo (TEA), essa dificuldade na alimentação é bem comum, pois recebem interferência direta de estímulos sensoriais. As crianças com TEA podem apresentar comportamentos restritivos, seletivos e ritualísticos que afetam diretamente seus hábitos alimentares, resultando em desinteresse e recusa para alimentação.

Fatores que contribuem para a recusa de alimentos

Alguns fatores podem contribuir para a seletividade alimentar. Um deles está relacionado à sensibilidade sensorial, que é a reação exagerada a certas experiências de toque, muitas vezes resultando em aversão ou uma resposta comportamental negativa.

A alimentação pode ser negativamente afetada pela sensibilidade sensorial a texturas, gostos, cheiros e temperaturas dos alimentos. Com isso, podemos tentar entender as dificuldades na alimentação para pessoas com autismo por suas sensações.

Outros fatores podem estar associados, como: atrasos das habilidades motoras orais, resultando em aumento de esforço para mastigação; padrões de comportamento restritos, repetitivos ou estereotipados, que levam a uma insistência na mesmice e recusa à flexibilidade; e, ainda, problemas gastrointestinais, que podem relacionar desconforto à alimentação, intolerância ou alergia, que também podem interferir.

No entanto, mesmo com essas dificuldades, que podem ser gradativamente superadas por meio de tratamentos com profissionais especializados, como terapeuta ocupacional (integração sensorial), fonoaudiólogo, nutricionista e psicólogo, o estímulo da família em casa é fundamental, assim como no âmbito escolar.

Estruturação alimentar

É com a família que se inicia a construção dos hábitos, a formação e a estruturação de um ambiente adequado para as experiências alimentares. E no contexto escolar se reforçam esses conceitos frente à inclusão à mesa dos colegas, oferecendo modelos de comportamento e aceitação de alimentos apresentados. Essas experiências poderão ser decisivas na aceitação dos novos alimentos.

O ambiente, a maneira de ofertar o alimento e os hábitos alimentares podem tornar a experiência alimentar mais agradável e estimulante para a criança.

É observando os pais, professores, colegas e cuidadores comendo, em um ambiente organizado e agradável, que as refeições se transformam em momentos prazerosos e estimulantes para a criança.

As questões alimentares também podem estar ligadas a fatores comportamentais. Sendo assim, proporcionar um ambiente adequado contribui para a melhora da qualidade da alimentação.

Por isso, alguns aspectos podem auxiliar a aceitação dos alimentos pela criança:

- Mantenha uma rotina estruturada, principalmente durante as refeições, criando quadros de rotinas visuais para mostrar a sequência de alimentação e rotina escolar.
- Crie passos para preparar a criança para a hora da refeição, como ajudar a colocar a mesa, lavar as mãos etc. – esse processo traz dicas do que vai acontecer e a criança começa a se preparar.
- Evite lanches fora de hora ou livre demanda, para que a criança não perca o apetite na hora das refeições.
- Procure realizar as refeições em família e junto a colegas e profissionais, assim a criança terá pessoas em quem se espelhar nos movimentos e na motivação para experimentar o que estão comendo.
- Não force, mas ofereça. Coloque alimentos variados à mesa, perto da criança, de maneira que ela veja e, caso se interesse, possa se servir.
- Se a criança aceitar, coloque alimentos diferentes em seu prato, mesmo que ela não coma, para que se familiarize com cores, cheiros e texturas diferentes.
- Incentive a independência durante a alimentação.
- Traga o lúdico: brinquem de fazer comida de massinha e alimentar bonecas e bichos de pelúcia.
- Permita que a criança escolha o prato e o copo de sua preferência para a refeição; isso pode trazer maior interesse para se sentar à mesa; ou permita que a família traga os utensílios preferidos de casa.
- Convide a criança a participar de atividades na cozinha, ajudar a lavar tomates, verduras, fazer salada de frutas ou misturar o bolo, por exemplo.
- Plantar temperos e depois pedir que a criança pegue na horta.

- Comemore cada alimento novo que ela aceitar e continue a oferecer.
- Não utilize eletrônicos durante as refeições.

O mais importante nesse processo é a calma, paciência e muita criatividade. Não desistir de acompanhar e estar sempre oferecendo e apresentando novos alimentos.

Os pais e profissionais devem ajudar durante a alimentação

Nesse contexto, o papel da família e o da escola também podem ser de grande ajuda, pois devem criar ambientes adequados para as experiências alimentares. Um dos erros mais comuns é manter a rotina da criança e não a estimular a experimentar outros alimentos. Assim, a maneira como o alimento é ofertado para a criança é uma forma de fazer com que ela fique mais interessada naquilo. A introdução de novos alimentos na rotina de uma criança autista deve ser feita com cautela. Os pais, cuidadores e professores precisam respeitar os limites dela, fazendo cada mudança aos poucos.

Dessa forma, o adulto não deve forçá-la a comer, mas sim oferecer alimentos variados para que ela mesma tenha o interesse em se servir. Outra maneira é colocar pedaços pequenos de alimentos diferentes junto com alimentos que as crianças já estão habituadas a comer.

Respeitando dietas específicas e suplementações e medicações em horário escolar

O autista é um indivíduo que, em geral, possui muitas alterações no funcionamento de seus sistemas orgânicos, gerando um quadro de desordem sistêmica. Problemas digestivos e desequilíbrio da microbiota intestinal, deficiência imunológica, aumento de inflamação e alergias, redução de enzimas antioxidantes e aumento de estresse oxidativo, baixa capacidade de desintoxicar o organismo e de produzir energia pela célula são algumas das alterações frequentes e que desorganizam esse indivíduo a ponto de intensificar seu quadro autístico.

Existem muitas dietas especiais que podem ser prescritas pelo nutricionista, como: sem glúten, sem caseína (leite), sem soja, dieta do carboidrato específico, livre de químicas como corantes, adoçantes e conservantes. Estas devem ser levadas em consideração pela escola, seja pela elaboração de alimentos específicos para a criança, ou permitindo que a família possa oferecer uma opção caseira da refeição do autista.

Quanto à administração de suplementos e medicamentos, estes também deverão ter seus horários de administração cumpridos, seja por funcionários da escola ou pela permissão da presença de familiares para a oferta. A nutrição apropriada exerce função importante na qualidade de vida do autista, pois quando o metabolismo estiver funcionando adequadamente ele terá mais chances de alcançar todo o seu potencial de aproveitamento na escola, na sociedade e nas terapias de estimulação.

19

TERAPIA OCUPACIONAL E ABA – INTERSECÇÕES

Neste capítulo, baseado em minha experiência profissional, exporei a importância de se conhecer a ciência do comportamento e suas aplicações, para que o processo terapêutico com os pacientes possa se potencializar, não só no trabalho colaborativo entre profissionais do ABA e da terapia ocupacional, mas como instrumento de manejo dos pacientes no atendimento em terapia ocupacional. O conhecimento nessa área traz melhores resultados para os pacientes e facilita (e muito!) a dinâmica das sessões de TO, seja na integração sensorial, ou qualquer outra abordagem. Facilita, também, o entendimento e a orientação em âmbito familiar e escolar.

MARIELLA ZUCCON

Mariella Zuccon

Terapeuta ocupacional formada pela USP (2003), com especialização em Acompanhamento Terapêutico pelo Hospital Dia d'A Casa, em São Paulo. Trabalha com reabilitação alimentar desde 1990. Formada em Psicologia pela UNF – University of North Florida – USA (2017) e pós-graduanda em Educação Especial com concentração em Applied Behavior Analysis também pela UNF. Certificada como RBT (Registered Behavior Technician) pelo BACB – Behavior Analysis Certification Board, nos EUA, e formação BCBA em curso. Experiências na área da educação especial e autismo em países como Jamaica e Estados Unidos. Atualmente, trabalha como terapeuta ocupacional no Espaço Terapêutico Cinthia França, em Mogi das Cruzes/SP.

Contato
mariellazu@gmail.com

Breve introdução e agradecimento

Começo este capítulo agradecendo pela honra de colaborar com esta interessantíssima obra. Recebi o convite em um dia especial, quando nos preparávamos para um evento na clínica de reabilitação infantil onde atuo e, logo após a euforia inicial, deparei-me com o outro lado da moeda, a responsabilidade de toda pessoa que se torna "autor" e se propõe modestamente a colaborar com o constructo do conhecimento humano: eleger um ponto de vista importante para ser eternizado. Parecia uma tarefa fácil, tanta coisa a dizer... Porém não foi bem assim.

Como terapeuta ocupacional, aquela que pensa na organização do cotidiano, pensei em escrever sobre a mudança que se instala na vida de uma família quando nela chega uma criança dentro do espectro autista. Um outro mundo se abre nesses lares, quase como um buraco negro, que suga os pais e toda a família, em um universo paralelo de terapias sem fim. Caótico no início, cheio de novas demandas e, consequentemente, de adultos sobrecarregados, exaustos e cheios de dúvidas quanto ao futuro. Pensei em dizer a eles que, apesar dessa fase do caos, vai ficar tudo bem. Pensei também em escrever sobre a diferença entre a teoria e a prática, ou seja, sobre a distância que existe entre todas as recomendações dos terapeutas e o que é de fato possível de ser seguido na rotina diária. Em minha opinião, essa questão deveria ser a pauta da aula inaugural de todos os cursos superiores que estudam o ser humano. Como terapeuta infantil, orientamos pais, professores e cuidadores em geral. Algumas regras são muito claras, mas nem sempre vemos nossas orientações sendo seguidas como esperávamos. Será que esses familiares, ou até mesmo outros profissionais, "resistem" às orientações passadas? Todo profissional da área da saúde já se perguntou por que suas orientações não foram seguidas tal qual foram passadas. No entanto, assumir que existe uma "falta de colaboração" sempre foi uma ideia que me incomodou muito como terapeuta. Acredito que familiares, professores e terapeutas fazem realmente tudo o que está ao alcance no trabalho com as crianças. Acho que devemos olhar mais a fundo o cotidiano dessas famílias e as dinâmicas envolvidas, para entender os limites de cada um e, a partir daí, intervir e treinar de maneira mais eficiente. A terapia ocupacional poderia dedicar um curso de extensas horas a esse assunto, mas, evoluindo um pouco essa ideia (que talvez mereça um livro inteiro!), cheguei à conclusão de que iria abordar uma questão que também está na base de todos esses pontos mencionados, que também foi o ponto de partida para minha busca por conhecimento profissional, na qual acabei por chegar ao objeto deste capítulo: a intersecção da análise comportamental e da prática da terapia ocupacional. Ou, então, como o entendimento da análise comportamental pode aumentar a eficácia do tratamento dentro e fora da sala de terapia ocupacional, estendendo-se à escola e à família.

Percurso profissional

Descobri a análise comportamental e sua profundidade quase "por acidente". Como diz o ditado, mirei no que vi, acertei no que não vi. Meu percurso profissional na terapia ocupacional começou distante dessa abordagem, na saúde mental, estudando Lacan e psicopatologia. Porém, a abordagem psicanalítica não me trouxe as respostas e os resultados na medida da minha expectativa. Tive de literalmente sair para outros caminhos. Formei-me em um meio no qual behaviorismo era nome feio, e só fui realmente ouvir falar disso mais a fundo em um curso de verão em San Diego, na Universidade da Califórnia, chamado "*Typical and Atypical Learning*". De todo o conteúdo daquele curso, uma frase ficou ecoando na minha mente, para fazer sentido anos depois. Quando questionei o professor sobre a escolha do behaviorismo como linha de trabalho, ao invés de receber uma palestra completa versando sobre o tema, ele apenas respondeu: "Usamos o behaviorismo porque ele funciona!". Simples assim. Era plantada aí uma semente que eu nem sabia que germinaria de forma tão importante anos depois. Porém, nessa época, ainda estudante, isso ficou dormente. E ainda segui em uma insatisfação curiosa.

Anos depois voltei às carteiras da Universidade, agora para uma segunda graduação em Psicologia, com ênfase em neurociência, procurando respostas para muitas das minhas questões. Eu tinha uma hipótese: se entendesse de maneira mais profunda como o ser humano aprende, eu poderia ser uma terapeuta melhor, pois, para mim, a terapia ocupacional (TO) era sobre isso: ensinar habilidades aos que não as têm e ensinar novamente aos que já as perderam. Com esse pensamento, me inscrevi em todas as disciplinas que abrangem as áreas de neurociências e teorias da aprendizagem. E, assim, me deparei, pela primeira vez de maneira mais profunda e esclarecedora, com o conhecimento da análise comportamental. Foi realmente um divisor de águas, pois ali encontrei um corpo de pesquisas consistentes e contempladas dentro dos pressupostos científicos do que caracteriza uma ciência (COOPER et al., 2007, p. 5). Essa transição do domínio da ciência social para a natural, na qual resultados mensuráveis substituem os conceitos de probabilidade1 (JOHNSTON, 1993, p. 3-4), foi o que me fez embarcar na ciência do comportamento, em um caminho sem volta.

No mesmo curso tive a satisfação de participar de um programa de intercâmbio entre a University of North Florida e uma parceria público/ privada na Jamaica. Lá conheci o trabalho incrível de Lisa S. Millingen[1], uma terapeuta ocupacional e BCBA que estava à frente da clínica Therapy Plus e de projetos por toda a ilha, como The Government of Jamaica's (GOJs) Ministry of Labour's Early Stimulation Plus programme, Digicel Foundation in Jamaica, The Jamaica Association for Intellectual Disabilities, Jamaica Autism Support Association, entre outros projetos para impactar a educação e treinar pais, professores e profissionais da saúde.

Esse programa foi parte do meu treinamento para tirar a licença como RBT (*Registered Behavior Technician*) no BACB (*Behavior Analysis Certification Board*) e, para minha grata surpresa, deparo-me com uma TO à frente do programa, dominado até então pelos profissionais psicólogos. Encontrei ali o meu elo perdido e percebi que meu percurso profissional estava começando a se desenhar de maneira clara e satisfatória. Além de comandar o treinamento de professores de escolas regulares e especiais, Lisa mantinha sua clínica particular, na qual mesclava sua formação em integração sensorial com sua formação em ABA para tratar as crianças no espectro, e orientar pais e treinar professores das redes pública e privada. A partir desse trabalho sensacional, meu caminho na universidade tomou um rumo certo, que seria a pós-graduação em ABA, como conhecimento indispensável para o trabalho da TO.

Outro aspecto fundamental dessa experiência foi a percepção da dimensão do trabalho dessa terapeuta ocupacional, que começou sozinha décadas atrás, e que hoje transformou o cenário da saúde e da educação pública por toda a ilha. Jamaica e Brasil são opostos em territorialidade, porém carregam traços em comum, como as condições socioeconômicas de suas populações. Até então só tinha tido a formação teórica e prática

---

1 www.jamaicaautism.org / www.changemakersltd.com.

nessa área nos Estados Unidos, que está muito próximo das condições ideais, e foi um alento saber que um trabalho como aquele poderia sim se estender a uma realidade como a nossa, no Brasil. Não que seja uma tarefa fácil, mas sim possível!

Intersecções

Muitos pontos em comum podem ser encontrados entre as abordagens da terapia ocupacional e da análise comportamental, sobretudo na área do autismo. Como é amplamente reconhecido, a análise comportamental é uma abordagem fundamental no tratamento dos indivíduos dentro do espectro, por sua eficácia baseada em evidências científicas, inclusive quando comparado com outros tratamentos biomédicos e não biomédicos, como já relatado por Agnostou et al. (2014), no *Canadian Medical Association Journal*. Amplamente reconhecida também é a terapia ocupacional, sobretudo no campo da integração sensorial, mais difundida no Brasil na última década. Apesar de esse campo de conhecimento ter se iniciado nos anos de 1970 nos Estados Unidos, apenas nos últimos anos ele se difundiu no Brasil, quando começaram os cursos de certificação profissional no país. Estes são os dois cenários predominantes quando pensamos principalmente na parte prática, no que se refere aos serviços de saúde, encaminhamentos profissionais e, sobretudo, formação profissional dos terapeutas que trabalham com pacientes dentro do espectro, o que vai definir limites de atuação entre as categorias profissionais. Porém, na prática, acredito que a mescla desses saberes só vem complementar e potencializar o trabalho da terapia em questão, pois o paciente é único e não se divide em "setores".

Welch e Polatajko (2016) publicaram um interessante artigo no AJOT (*The American Journal of Occupational Therapy*) analisando as intersecções e sinergia entre ABA e TO na área do autismo. Os autores citam as dimensões que se sobrepõem, como a preocupação com o desenvolvimento das habilidades de autocuidado, escolar, laborativa, lazer e interação social, e minimizar comportamentos disruptivos. Duas profissões distintas trabalhando com os mesmos objetivos, porém com abordagens diferentes. Percebo que isso causa uma certa confusão entre os pais e, muitas vezes, entre os próprios profissionais.

Voltando à pesquisa de Welch et al. (2014), percebemos que, dentro da literatura da terapia ocupacional, falta a menção e, em conclusão, a aplicação dos princípios ABA. Por outro lado, também mencionado no mesmo artigo, está a ideia de que a integração sensorial é limitada e inconclusiva, ponto de vista que eu particularmente não compartilho. Vi esse certo "preconceito" muito mais forte nos Estados Unidos, talvez por uma questão cultural, mas fico feliz de perceber que no Brasil os colegas TOs e psicólogos trabalham de forma mais aberta aos outros saberes. Vale sempre relembrar que o ser humano não é compartimentado.

Obviamente, cada um deve trabalhar no seu campo de expertise, sabendo dos seus objetivos específicos e limitando-se ao que foi treinado e certificado para fazer. Porém, alinhar um trabalho interdisciplinar (de verdade!) potencializa as duas terapias. No tratamento das crianças dentro do espectro autista, por exemplo, podemos ter de um lado a ciência do comportamento contribuindo com o manejo do paciente, principalmente os mais comprometidos, ou que apresentam maior rigidez, o que é fundamental para que eles consigam cumprir minimamente as demandas necessárias. Isso em qualquer ambiente. Não se trata aqui de aplicar protocolos comportamentais, ou seguir VBMap, ou coletar dados para gráficos etc. Mas ter a ciência das premissas básicas de como o ser humano aprende e se comporta, e como potencializar isso. A mesma lógica pode ser uma aliada na intervenção com os pais, professores, cuidadores, irmãos, avós etc.

Como exemplo prático, as noções de DTT (*discrete trial training* ou treino de tentativas Discretas) são as mais proveitosas e simples de aplicar. Esse é um modelo mais estruturado de ensino de habilidades, em que, grosso modo, uma tarefa maior é desmembrada em passos menores e a criança, recompensada por acertos em cada um deles. Essa abordagem comprovadamente desenvolve o aprendizado, aumenta os índices de QI, contribui com a diminuição dos comportamentos inadequados e aumenta interações sociais espontâneas (FISHER et al., 2014, p. 409). E facilita (e muito!) o seguimento das demandas e alcance dos objetivos da terapia ocupacional.

No sentido contrário, temos o corpo de conhecimento específico da terapia ocupacional, com o olhar voltado de maneira holística para o paciente, contemplando, além da já citada integração sensorial, outros aspectos específicos da nossa formação, que são tão relevantes. Podemos citar a análise e intervenção sobre a práxis, competências motoras, promoção de independência nos mais diversos aspectos, organização de rotinas e relacionamentos, inclusão social e uma atuação lúdica, centrada no cliente e na família. Todas essas abordagens, que são próprias da terapia ocupacional, podem somar dentro do contexto da terapia comportamental. Como exemplo, lembro-me de uma supervisão de caso na universidade, na minha pós em ABA. Éramos um grupo de mais de dez psicólogos e educadores, no qual eu era a única com formação em TO. O caso era a dificuldade de um menino de 6 anos, dentro do espectro, em escovar os dentes de maneira satisfatória, pelo lado de dentro da boca. Lembro-me que ninguém, mesmo após alguma discussão sobre implantação de *task analysis* (análise de tarefa), conseguiu resolver o caso a contento. Eu, como TO, com olhar mais apurado para análise de atividade, principalmente em termos de praxia e decomposição e análise dos movimentos, consegui elaborar os passos que faltavam para ser desmembrados e contingentemente reforçados, definidos dentro do novo plano de *task analysis*, que foi implantado com sucesso. São pequenas intersecções que podem fazer um caso deslanchar e as interações com o paciente fluírem de ambos os lados.

Resumindo, acredito no trabalho colaborativo desses dois campos de saber. Não defendo que as pessoas se apropriem do que não é sua área de atuação, mas quando podemos abrir nossos horizontes para outros saberes, fazemos a nossa própria área de atuação mais rica e eficiente, pois alargamos a nossa visão sobre o ser humano, que é o nosso objeto de estudo e trabalho. Podemos, então, oferecer a esse ser humano e suas famílias um trabalho mais completo e eficaz.

Referências

ANAGNOSTOU, E.; ZWAIGENBAUM, L.; SZATMARI, P. *et al.* Autism spectrum disorder: Advances in evidence-based practice. *Canadian Medical Association Journal*, v.186, p. 509-519, 2014. Disponível em: <http://dx.doi.org/10.1503/cmaj.121756>. Acesso em: 27 de maio de 2021.

COOPER, J. O.; HERON, T. E.; HEWARD, W. L. *Applied behavior analysis.* 2. ed. Columbus, OH: Pearson, 2007. p. 5.

JOHNSTON, J. M. *Readings for strategies and tactics of behavioral research.* Hillsdale, NJ: Lawrence Erlbaum Associates, 1993. p. 3-4.

LOVAAS, 1987; LOVAAS et al.,1973, as cited in FISHER, W. W.; PIAZZA, C. C.; ROANE, H. S. *Handbook of Applied Behavior Analysis.* New York: The Gilford Press. p. 409.

WELCH, C. D.; POLATAJKO, H. P. Applied Behavior Analysis, Autism, and Occupational Therapy: A search for Understanding. *The American Journal of Occupational Therapy*, v. 70, 2016. Disponível em: <https://doi.org/10.5014/ajot.2016.018689>. Acesso em: 27 de maio de 2021.

20

O PAPEL DO AFETO NO DESENVOLVIMENTO E NO EMPODERAMENTO

Este capítulo traz a perspectiva do afeto enquanto funcionalidade como ferramenta terapêutica para o desenvolvimento e empoderamento do indivíduo. Será um papo de duas mães atípicas sobre as experiências em suas famílias (neuro)diversas e o processo de construção do conhecimento e autonomia dos seus filhos.

MONALIZA NABOR E GRACE MASCARENHAS

Monaliza Nabor

Mãe atípica, comunicóloga graduada pela Unef, treinadora comportamental certificada pela Association For Coaching (Londres), membro da SBCoaching, pós-graduanda em Autismo, pós-graduanda em Educação Inclusiva e TGD, idealizadora do projeto TEIA Treinamentos; Co-coordenadora do Mãe pela Diversidade (regional Bahia).

Contatos
contatomonalizanabor@gmail.com
Instagram: @monalizanabor
@papodemaesatipicas

Grace Mascarenhas

Mãe atípica, pedagoga graduada pela Uneb, professora, pós-graduanda em Psicopedagogia Institucional, Clínica e Educação Especial.

Contatos
contatogracemascarenhas@gmail.com
Instagram: @maedelele
@papodemaesatípicas

> *O afeto precisa ser antes de tudo responsável e um equilíbrio entre a razão e a emoção.*
>
> Paulo Freire

A pesar de profissionais, estamos aqui como mães, mulheres, cuidadoras... Este livro já contempla profissionais de excelência com fundamentos teóricos riquíssimos. Assim, queremos que este seja um capítulo de intimidade, de acolhida, de rede... Em especial para outras mães atípicas, e antes que você se questione, o termo é sobre o papel que ocupamos em uma sociedade na qual é preciso dar nomes para existir e significa "maternar" um ser que não cabe nos padrões estabelecidos por essa mesma sociedade.

O educador francês Henry Wallon, ao estudar o desenvolvimento humano, não colocou a inteligência como elemento mais importante desse processo, mas a atuação integrada de três dimensões psíquicas: a motora, a afetiva e a cognitiva, e a evolução ocorre quando há uma integração entre o equipamento orgânico da pessoa e o meio em que ela vive, responsável por permitir/auxiliar o desenvolvimento das potencialidades próprias de cada um (SALLA, 2011).

Assim, precisamos estar atentos à nossa responsabilidade enquanto família/escola na construção do melhor ambiente para uma aprendizagem prazerosa e de como o desenvolvimento se torna significativo se mediado pela afetividade.

Como mães de autistas, contaremos nossas experiências, que perpassam pela linha tênue do espectro do autismo e comprovam o poder do afeto quanto à sua funcionalidade.

Nossas famílias neurodiversas

Sou Grace, mãe Letícia (6), uma criança graciosa, alegre, inteligente, esperta, carinhosa e autista com TDAH. O desafio de maternar um ser incrível me trouxe uma realidade diferente da maternidade que eu conhecia e me ressignificou. Meu primeiro laço afetivo na condição atípica foi, na verdade, uma querida sobrinha que também é autista e vem se transformando em uma adulta mais independente e feliz graças ao afeto dos pais (um dia falarei sobre eles).

Sou Monaliza, uma mulher em processo de avaliação para TDAH, mãe de Júlia, uma mulher trans, autista com déficit de atenção moderado (23), Lucas Daniel (15), autista com TDAH, e "irmãe" de Thandara (32), autista com deficiência intelectual moderada, epilepsia e Transtorno do Humor. Existe uma forte suspeita de que eu seja casada com um autista, mas até o momento desta escrita, esse diagnóstico ainda não foi fechado.

Falar sobre a condição existencial da minha filha enquanto uma mulher trans é tão importante quanto falar de diagnóstico; afinal, este livro trata de inclusão, e se pessoas LGBT+ são consideradas atípicas, elas também precisam ser incluídas. Vale lembrar que não é a deficiência ou a doença rara que impossibilita as pessoas de se desenvolverem, e sim as limitações impostas pelo meio em que vivem. O preconceito, por exemplo, pode se tornar gatilho para que pessoas trans desistam de estudar. A desnutrição pode comprometer o desenvolvimento mental e físico de uma criança. A falta de empatia torna a caminhada mais difícil para pessoas em situação de vulnerabilidade; logo, a inclusão não carece de CID, mas este assunto rende um livro inteirinho, um capítulo é pouco.

O afeto como ferramenta tangível

Saindo da nossa bolha de "privilégios", conhecemos a realidade principalmente das mães solo. Talvez nenhuma dessas mulheres nem tenham acesso a essa leitura, mas elas existem e, se uma delas puder aproveitar o afeto como recurso de desenvolvimento, nossas horas escrevendo esse capítulo já valeram a pena. Porque esse é um recurso próprio que tem um papel muito importante no processo e que não depende de outrem, do poder público, de humilhação, de desgaste. Embora tenhamos excelentes leis que amparam nossos filhos, na prática é bem diferente.

Ainda que nos tirem tudo ou não nos ofereçam nada, compreendemos que há esse sentimento inerente à aprendizagem e podemos oferecer em livre demanda, que é o afeto. Compreendemos os sentimentos como fundamentais para o desenvolvimento humano, e devem ser exercitados do mesmo modo que outras habilidades, por isso é importante perceber que o afeto está além de abraços, beijos e declarações, é preciso exercitar a escuta e perceber o que o filho tem a dizer. Independentemente se ele verbaliza ou não, esta é uma forma de dar atenção ao que ele sente, e faz com que ele perceba o quanto é importante para você. Dessa maneira se sentirá seguro para evoluir em sua autonomia enquanto sujeito em desenvolvimento. Ocupando esse lugar, o afeto traz autoconfiança para o indivíduo, permitindo que ele se empodere.

Como o afeto nos afeta

O afeto não pode ser banalizado ao ponto de confundir-se com permissividade, ou proteção desacerbada. Por isso, falaremos do afeto no sentido de priorizar não somente o sentimento indiscutível do amor materno, mas também no sentido imprescindível da responsabilidade socioafetiva para com aquele que amamos.

Partindo desse olhar sobre o afeto é que me permito dividir um pouco da minha experiência como mãe. O primeiro passo foi quando decidi buscar o diagnóstico, ali já me via na obrigação de encorajar-me e encorajar a minha filha para aquilo que nem imaginávamos ser o grande desafio das nossas vidas. Não foi um percurso fácil, mas entendi que o diagnóstico do autismo jamais iria determinar a capacidade dela, e não seria colocando-a em um potinho que eu a protegeria, pelo contrário. Mesmo com toda inabilidade social, aliada às dificuldades comportamentais e verbais, sempre fiz questão de frequentar espaços coletivos como parques e ambientes onde Letícia pudesse interagir e perceber que há limites, desafios, mas que por fazerem parte do mundo em que vive, sobretudo da sociedade em que está inserida, também precisa haver respeito e cuidado.

Para além do colo, da acolhida, da proteção, o afeto é uma luta diária, em que é preciso equilibrar a razão e a emoção. Por vezes acreditamos que precisamos evitar a "exposição" a tudo de ruim que o mundo lá fora pode apresentar aos nossos filhos, como preconceito, discriminação e exclusão, mas, acreditem, até esse tipo de perversidade pode ser combatido pelo afeto, já que ele é incentivador da aprendizagem.

O afeto e o empoderamento

Eu, uma mulher provavelmente neurodiversa, fui uma criança que sofreu abandono afetivo, o que trouxe diversas consequências, até que a maternidade me trouxe o elo com a afetividade. Costumo brincar que a maternidade me devolveu a vida, talvez por isso, quando os meus filhos foram diagnosticados, não vivi o luto que tantas famílias vivem. Naquele momento, só queria que eles soubessem que não estavam sozinhos e que nenhum diagnóstico vem para subestimar ninguém e sim para nos orientar a ter mais qualidade de vida e nos ajudar no autoconhecimento. Assim como quando Júlia se percebeu uma mulher e compartilhou conosco, teve todo o amparo necessário para iniciar a transição.

Por tudo que já passei, não concebo a ideia de que é preciso sofrer para aprender ou amadurecer, e a criação dos meus filhos me provou isso. O afeto virou lugar de amparo, de disciplina. Lembro-me que Júlia sempre foi uma criança tranquila, passiva, amorosa, era fácil ter afeto e dar função a ele.

Já Lucas Daniel era difícil, impulsivo, respondão, não compreendia as regras familiares e eu perdia a cabeça, em alguns momentos a raiva ganhava do afeto e o "chinelo no lombo" era certo. Foi então que veio o diagnóstico de TDAH e o médico me disse: "Mãe, você precisa inverter a forma de educar. Não percebeu que esse jeito só piora?"

Fui para casa reflexiva e pude compreender que precisava controlar o que eu sentia. Então substituí a voz grosseira quando estava com raiva pela voz afetuosa, porém firme. Ainda na primeira infância Lucas percebeu que poderia ser educado no afeto e a mudança de comportamento foi gritante. Ele foi se transformando na criança que eu jamais pensei que seria um dia, mas o mais forte nessa mudança foi o laço que fomos construindo. Hoje meus filhos são seguros, sentem orgulho de quem são, não escondem o diagnóstico e sabem se defender da perversidade humana. A Júlia já até morou sozinha do outro lado do continente e o Lucas tem sempre a resposta certa quando tentam subestimar sua capacidade por conta do TEA.

O afeto e a aprendizagem

Enquanto pequenos aprendemos a nos comunicar com o corpo, pois ainda não sabemos usar a linguagem oral, assim utilizamos a emoção para enfatizar essa comunicação. Por meio dela também aprendemos a nos relacionar com o mundo, pois já na primeira infância construímos nossas bases cognitivas, emocionais, motoras, sociais e éticas.

Somos seres em constante aprendizagem, sendo assim o afeto precisa ser utilizado durante toda a vida e com todas as pessoas à nossa volta. Isso vale até para construirmos uma educação voltada à inclusão social. Lembro-me bem de quando descíamos para o parquinho com Letícia. Confesso que foram poucos os momentos em que tive receio de ela não se comportar como as outras crianças. Afinal, nenhuma criança é igual à outra, e ao presenciar raros momentos de preconceito em relação ao seu modo de agir, ao invés de retirá-la do local com o propósito de "protegê-la" de tais atitudes, aprendi que somente educando as pessoas

180 | Educação inclusiva e a parceria da família

é que poderia mudar a maneira de elas reagirem ao jeito de ser da minha pequena. Criei o hábito de sentar-me com as crianças e suas respectivas mães para explicar como funciona o cérebro de uma criança autista, o porquê de determinadas reações intensas e o que poderíamos fazer para tornar a comunicação entre elas mais simples e menos confusa.

O preconceito nasce da ignorância do desconhecido, mas, para derrubar essa barreira, é preciso informar com afeto.

Sei o quanto é difícil para uma mãe sentir na pele o preconceito ao seu filho, mas, se não tentarmos levar conhecimento em prol do respeito que desejamos a eles, quem levará? Somos as mais interessadas!

Afeto que gera autonomia

Assim como Grace, meu primeiro laço afetivo atípico não foi a maternidade. Minha irmã teve diagnóstico de deficiência intelectual ainda na primeira infância e tinha epilepsia. Naquela época, o conceito de autismo era algo muito distante do que é hoje. Thandara foi criada sem nenhum amparo legal, dentro da ignorância a respeito do assunto. Porém, conseguiu desenvolver uma autonomia considerável, inclusive hoje é uma mulher casada, feliz e, mesmo vivendo sob nossa supervisão, consegue administrar sua casa. Apesar de não ter havido o tratamento adequado, não faltou afeto nem sobrou proteção desacerbada. Than é luz em minha vida, me ajudou a cuidar dos meus filhos e foi meu suporte para que eu pudesse estudar. Até hoje ela me auxilia muito, sem ela eu nem estaria aqui, escrevendo tudo isso.

Júlia já mudou de curso na faculdade algumas vezes, agora parece que se encontrou, cursa Análise de Desenvolvimento de Sistema e pretende sair do país mais uma vez. Ela segue seu processo de transição e faz do nosso afeto seu abrigo.

Lucas Daniel estuda em escola regular, sonha em ser engenheiro da Nasa, curte jogos tecnológicos e criar robôs em LEGO. Ama dormir comigo e ouve diariamente o quanto é capaz.

Aqui em casa, nunca fomos adeptos aos termos infantilizados e capacitistas para tratar os nossos e deixamos claro que eles não são anjos azuis, tão pouco vítimas de nada, são apenas pessoas com condições existenciais diversas e que é ótimo sabermos que não somos todos iguais e vivermos essa diversidade de maneira tão respeitosa!

Diagnóstico e afeto

Diagnóstico não é destino, é ponto de partida para direcionar as estratégias de desenvolvimento, e por isso deve ser tratado com afeto. Quantas vezes ouvimos os pais dizerem que amam os filhos, mas odeiam o diagnóstico? Que não conseguem sentir afeto por uma criança que não olha no olho? Se você se sente assim, ou tem dificuldade de aflorar esse sentimento e dar função a ele, respire fundo e ressignifique:

- Toda vez que se sentir perdido, ou com raiva, respire. Você provavelmente não está só. Busque alguém da sua rede de apoio.
- Caso sinta raiva da criança ou da situação, feche os olhos e lembre-se da primeira vez que pegou ela no colo. Lembre-se do que sentiu e tente sentir de novo.
- O fato de você amar seu filho e sentir afeto por ele não significa que precisa dizer sempre sim. O não também pode ser dito, e com afeto.
- Estude, busque informações sobre o diagnóstico e direitos do seu filho e não pare de lutar por ele.
- Confie na capacidade do seu filho, independentemente do diagnóstico; não o trate como um bebê se ele não for um bebê. Não tente protegê-lo até da sombra; dar autonomia também é um gesto de afeto.
- Cuide da sua saúde mental; precisamos estar bem para cuidar dos nossos filhos.
- Busque fazer coisas sozinhos e juntinhos, crie laços, tente demonstrar que ele pode contar com você sempre.
- Frequente o ambiente que quiser com seu filho; não sinta vergonha ou medo de ser julgado, ou destratado. Usufrua dos seus direitos.

21

A IMPORTÂNCIA DA ANÁLISE DO COMPORTAMENTO APLICADA NO CONTEXTO ESCOLAR PARA UMA INCLUSÃO EFICAZ

Neste capítulo, abordo minha vivência na inclusão e ressalto a importância da análise do comportamento aplicada de forma acessível para os profissionais no contexto escolar, apresentando dicas práticas de como incluir as crianças com atraso de desenvolvimento, em especial o autismo, de forma assertiva.

NATALY OLIVEIRA S. CORREIA

Nataly Oliveira S. Correia

Psicóloga inscrita sob CRP 06/139562. Pós-graduada em Psicopedagogia. Analista do Comportamento. Formada no Modelo Denver de intervenção precoce, pelo Mind Institute, realizado no Canadá. Acompanhamento de avaliações e aplicação de (VB-MAPP) em Miami. Psicóloga coordenadora no Instituto Singular. Especialista em atendimento a pessoas com atraso de desenvolvimento em geral e autismo. Palestrante de cursos voltados para treinamento na ciência ABA e baseado na metodologia Denver. Coautora do livro *Educando filhos para a vida*.

Contatos
natyevangelica@gmail.com
Instagram: natalycorreiapsico
Facebook: Nataly Correia
11 96671-4558

De forma geral, a escola é um ambiente importante para interação social e ensino de habilidades acadêmicas. Porém, para a inclusão efetiva, é importante uma parceria de confiança e entrega entre professores, comunidade escolar, pais e demais profissionais que atendem as crianças com ou sem diagnóstico fechado.

Atualmente, minha maior demanda de atendimento é de crianças com diagnóstico do transtorno do espectro do autismo. Transtorno do espectro autista (TEA): prejuízo na comunicação verbal e não verbal, linguagem associada principalmente à socialização, movimentos repetitivos, por exemplo, *flapping* (movimentos de balançar as mãos e o corpo), e brincadeiras estereotipadas, sempre da mesma forma, sem variar muito. Existem diversos graus, sendo eles: leve, moderado ou grave.

Por muitos anos, fui acompanhante terapêutica em escolas. Atualmente, mesmo como analista do comportamento em contexto clínico, sempre realizo visitas em escolas, por isso tenho uma visão importante do panorama atual de como elas têm se adaptado a essa demanda e como são trabalhadas algumas questões como:

- A extinção de comportamentos inadequados;
- Adaptação de materiais para o ensino de habilidades;
- Socialização.

A partir dessas premissas, conclui-se que é fundamental o conhecimento básico na análise do comportamento aplicada, e, infelizmente, isso ainda não é uma realidade nas escolas.

Cada vez mais educadores buscam informações em livros, vídeos e também realizam especializações em educação inclusiva e psicopedagogia; no entanto, não necessariamente estudando a "ciência da ABA" (Análise do Comportamento Aplicada), que é o que existe de maior eficácia para estimular crianças com autismo e atraso de desenvolvimento.

Por meio dessa ciência, podemos utilizar as habilidades existentes para estimular habilidades-alvo, além de usar o hiperfoco, uma das características marcantes do TEA para motivar a criança a realizar demandas necessárias e, ainda, reforçar comportamentos adequados a fim de aumentar a probabilidade de consolidação do aprendizado.

Outra possibilidade, pela ciência ABA, é identificar por meio da anotação de resposta de um indivíduo e descobrir o porquê de ter ocorrido determinado comportamento e sua emissão. Para isso, é preciso observar o que antecedeu esse comportamento e qual a consequência após sua emissão. Esse registro é o que o analista do comportamento chama de "análise funcional da tríade do comportamento", podendo assim modelar e reforçar habilidades, aumentando sua probabilidade de ocorrência e, também, extinguir comportamentos inadequados, que não sejam aceitáveis dentro da escola. Existem quatro funções do comportamento:

- Sensorial;
- Fuga (que pode ser para escapar ou se esquivar de algo aversivo);
- Chamar atenção;
- Obtenção de objeto tangível.

É de extrema importância descobrir a função do comportamento, pois, a partir disso, abre-se um horizonte de possibilidades, ficando fácil agir sobre a função e não reforçar o comportamento, colocando-o em extinção.

Para a escola ter acesso a essa ciência, é preciso quebrar alguns tabus reproduzidos pelas pessoas, sem qualquer embasamento, apegadas ao senso comum, permitindo-se reproduzir ideias sem se aprofundar. Pois, não se trata de um simples condicionamento e muito menos um conhecimento que robotiza a criança, e está longe de ser algo exclusivo do psicólogo.

A escola precisa ter o pensamento de não apenas aceitar a criança com atraso no desenvolvimento em seu ambiente, simplesmente por ser lei, mas ir muito além disso. Pois integrar é diferente de incluir e, no cenário atual, a integração está muito mais presente que a inclusão. Na integração, a escola aceita o aluno e muitas vezes aceita o transtorno, a deficiência ou atraso, mas usa isso como justificativa para o não aprendizado ou comportamentos inadequados. Já na inclusão, descobre-se um estilo de aprendizagem do aluno e como acessá-lo, adaptando-se a ele, porém com foco e acreditando que todo ser humano é provido de inteligência e tem direitos e deveres, assim como todos os demais. Dessa forma, a inclusão é assertiva, pois não é somente o outro que se adapta ao coletivo, mas o coletivo também se assenta ao aluno.

A identificação dos estilos de aprendizagem possibilita criar estratégias individualizadas e proporciona conhecer e respeitar os diferentes estilos dos alunos, aprendendo de uma forma reforçadora e crescente (NATEL, TARCIA, SIGULEM, 2013).

Em algumas escolas que trabalhei como acompanhante terapêutico ou em visitas para observação, orientação e/ou reunião para discutir sobre algum paciente, foi possível perceber uma resistência à realização da observação em sala de aula, e também a trazer o real cenário de desafios, ou até mesmo a permitir a atuação do acompanhante terapêutico. Acredito que isso se deve ao fato de estarmos em um ambiente deles (escola) e ter contato com os pais. Ainda existe uma crença errônea de que estamos ali para criticar e incentivar a família a ir contra a escola, sendo que é exatamente o contrário. A ideia é criar uma parceria em prol do aluno e trabalharmos em um mesmo sentido. Por isso, meu trabalho inicial é sempre o de criar vínculo com os profissionais e mostrar meu real papel.

O acompanhante terapêutico tem o papel de atuar como sombra do aluno, auxiliando para que a criança siga os comandos do professor que é a autoridade em sala, e também o de pensar junto com o educador sobre estratégias para alguma adaptação (se necessária) no material pedagógico. Em alguns casos, é importante montar um plano de ensino individualizado. Nesse trabalho, também focamos em extinguir comportamentos, trabalhar a socialização e em alguns objetivos que estão sendo desenvolvidos em contexto clínico e podem ser generalizados na escola.

Na maioria das escolas, quando ficou claro o papel do acompanhante terapêutico e houve um vínculo de segurança, foi possível desenvolver um excelente trabalho, potencializando os ganhos em todas as áreas do desenvolvimento.

O maior desafio é a compreensão de que as escolas têm como dever fornecer um acompanhante terapêutico quando o aluno tem laudo com diagnóstico fechado. No entanto, esses profissionais geralmente são estudantes de pedagogia, sem especialidade em análise do comportamento e sem supervisão. O que resulta em um papel de auxiliar, babá, e não de mediador e sombra, ou seja, isso dificulta ainda mais que a comunidade tenha acesso à ciência da análise do comportamento aplicada.

Vale reforçar o quanto é importante a prevenção, ou seja, os professores estarem atentos se a criança apresenta algum atraso. Por esse motivo, creio ser relevante um conhecimento em *checklist* básico a fim de sondar primeiros sinais de atrasos no desenvolvimento, ou até mesmo de algum transtorno, deficiência etc.

Contudo, é comprovado pela neurociência que quanto mais cedo se inicia a estimulação, mais neuroplasticidade a criança possui, podendo criar novos caminhos e eliminar mais atrasos de forma mais rápida. Infelizmente não é comprovado ter os mesmos ganhos posteriormente, porém são necessárias intervenções intensivas baseadas em evidências, validadas de forma científica, assim como análise do comportamento aplicado e a metodologia Denver (ROGERS, 2012).

A seguir, apresento dicas gerais e práticas baseadas na ciência ABA, a fim de auxiliar e intervir de forma eficaz com alunos de inclusão em sala de aula.

1. Analise se a criança tem algum atraso no desenvolvimento e procure fugir da famosa frase "cada criança tem seu tempo". Sim, cada ser humano é único e aprende de forma diferente, mas existem marcos importantes que devem servir como sinal de alerta.

2. Na dúvida, converse com os pais, pontue o que observou e indique a um profissional que possa avaliar de modo eficaz. Pense: é sempre melhor prevenir do que remediar.

3. Faça linha de base, avalie diariamente os progressos e até possíveis regressos comportamentais, anotando respostas que a criança emite, antecedente e consequência.

4. Ensine que comportamentos de birra (por exemplo, choro, gritos, agressões, entre outros) não são atos comunicativos. Não reforçar e estimular um comportamento funcional, que substitua o comportamento inadequado, como apontar, balbuciar etc.

5. Identifique e teste estímulos diferentes, como sensoriais ou outros, e pergunte aos pais do que a criança gosta; reforce cada bom comportamento e demanda cumprida.

6. Faça menos para que a criança faça mais, ou seja, não deixe tudo ao alcance da criança, tentando dar o máximo de autonomia.

7. Identifique o modelo de aprendizagem e tente unir pares de acordo com o que cada um possa se beneficiar, além de trabalhar socialização, serve de modelo.

8. Descubra, por exemplo, por quanto tempo a criança consegue ficar sentada e esperar e vá aumentando esse tempo, por aproximação, cada dia um pouquinho mais.

9. Coloque a criança sentada em um lugar estratégico, onde haja poucas distrações externas ou objetos que venham competir com sua atenção.

10. Use materiais concretos, sem duplo sentido, para não confundir a criança.

11. Antecipe-se e dê o máximo de previsibilidade à criança com mural de rotina e combinados. Sempre cumpra os combinados para criar laço de confiança.

12. Conheça os profissionais que cuidam da criança e esteja a par do que está sendo trabalhado. Nunca leve dúvidas para casa, esse espaço é de total troca em favor do aluno.

13. Estimule a criança a participar e ajudar em pequenas tarefas, como um auxiliar, assim promovendo empoderamento e também socialização.

14. Acredite na sua competência e no desenvolvimento do seu aluno.

15. Convide e procure colocar os pais como parte desse processo para que eles possam auxiliar em casa.

16. Pesquise mais sobre análise do comportamento aplicada.

Dê o primeiro passo em relação a uma comunidade escolar mais inclusiva. Lembre-se, para grandes mudanças sempre será necessário um primeiro passo, e os professores são protagonistas importantes quando o assunto é se reinventar. A pandemia veio comprovar isso, e muitas vezes vocês também serão as vozes das crianças que estão em processo de inclusão escolar.

Referências

AMERICAN Psychiatric Association. *Manual Diagnóstico e estatísticos dos transtornos mentais – DSM-V*. Artmed, 2014.

NATEL, Maria Cristina; TARCIA, Rita Maria Lino de; SIGULEM, Daniel. A aprendizagem humana: cada pessoa com seu estilo. *Rev. psicopedag.*, São Paulo , v. 30, n. 92, p. 142-148, 2013 . Disponível em <http://pepsic.bvsalud.org/scielo.php?script=sci_arttext&pid=S0103-84862013000200008&lng=pt&nrm=iso>. Acesso em: 31 mar. de 2021.

ROGERS, Sally J.; DAWSON, Geraldine; VISMARA, Laurie A. *Autismo: compreender e agir em família*. Editora Lidel, 2015.

SILVA, Ana Beatriz Barbosa; GAIATO, Mayra Bonifácio; REVELES, Leandro Thadeu. *Mundo singular: entenda o autismo*. Rio de Janeiro: Objetiva, 2012.

22

A IMPORTÂNCIA DA EDUCAÇÃO FÍSICA INCLUSIVA NO DESENVOLVIMENTO DA CRIANÇA

A Educação Física é um dos fatores principais para a mobilização inclusiva na escola. Não se trata somente de explorar as habilidades e capacidades motoras das crianças, e sim prepará-las para a vida. Neste capítulo, vamos observar e refletir sobre o quanto a prática da atividade física pode interferir positivamente no desenvolvimento motor, cognitivo e social dos alunos.

POLIANA FERREIRA

Poliana Ferreira

Educadora Física, graduada em licenciatura e bacharelado pela Universidade de Mogi das Cruzes – UMC (2007), com pós-graduação em psicomotricidade pelo Centro Universitário Barão de Mauá (2016). Formada em Jazz Dance pelo Studio de Dança Adriana Alabarce (2010). Iniciou seus estudos na área da Dança há mais de 20 anos. Cursos de aperfeiçoamento: Ballet Clássico, Contemporâneo, Dançaterapia, Dança Fitness e Recreação. Participou como bailarina e coreógrafa em renomados Festivais de Dança pelo Brasil, como o Festival de Dança de Joinville (2017 a 2019). Fundou o Centro de Dança Poliana Ferreira (2019). Atualmente é Professora de Educação Física efetiva na Prefeitura Municipal de Biritiba Mirim/SP, ministra *workshops* de Jazz Dance por todo o Estado de São Paulo e é diretora artística do Centro de Dança Poliana Ferreira, na cidade de Mogi das Cruzes/SP.

Contatos
centro.poliana.ferreira@gmail.com
Instagram:@polianadance / @centrodedancapolianaferreira
Facebook: @polianaferreira / @centrodedancapolianaferreira
YouTube: centrodedancapolianaferreira

Ao pensar na disciplina de educação física, já nos vem à cabeça crianças correndo e sorrindo nos jogos e brincadeiras realizados na quadra ou no pátio da escola. Sabemos que os alunos aguardam ansiosamente por essas aulas, todos empolgados para saber o desafio e a proposta do dia, para, assim, fortalecer a sua autoestima, socialização e o domínio de uma atividade. As crianças usufruem da aula pelo simples prazer de brincar, seja no esporte, na ginástica ou na dança, todos querem participar e se divertir. Pesquisas relatam que, atualmente, nessa era digital, as crianças praticam pouca atividade física ao longo do dia, e na maioria das vezes a única oportunidade para a prática de exercício físico é na escola. Seja na roda cantada, nos circuitos ou estafetas, os padrões básicos de movimentos devem ser desenvolvidos naturalmente, por meio de estímulos e desafios em atividades prazerosas. Segundo Márcia Rodrigues (2003), essa fase escolar da Educação Básica é considerada um fator fundamental para a exploração de ações e possibilidades de gestos, aumentando o esforço das qualidades físicas, a fim de promover uma melhora motora e cognitiva, dando liberdade à criança não só de fazer ações globais, mas também de agregar simples técnicas de movimentos.

Ficamos deslumbrados quando nos aprofundamos no que a Educação Física Inclusiva pode contribuir para o desenvolvimento das competências essenciais do aluno, seja no aspecto motor, ou no emocional. De acordo com a declaração de Berlim, na Conferência Mundial da UNESCO (2013): "A educação física, na escola e em todas as demais instituições de ensino, é o meio mais eficaz para proporcionar às crianças e aos jovens habilidades, capacidades, atitudes, valores, conhecimentos e compreensão para sua participação na sociedade ao longo da vida." Contudo, a Educação Física auxilia no desenvolvimento do pensamento crítico, criativo e inovador, contribuindo para a capacidade de entendimento intercultural e comunicação interpessoal, assim como o respeito, a tolerância e a empatia, todos necessários para o enfrentamento dos desafios do dia a dia. É fácil perceber essas ações em um simples passe de bola, no jogo de queimada, na brincadeira de pega-pega ou até mesmo em pular corda. Nessas aulas, os alunos aprendem a lidar com as frustações de um jogo competitivo, com a felicidade de uma vitória, com a decepção de uma derrota, com a insatisfação de não ter o melhor amigo no seu time e até mesmo a aceitar as possibilidades de movimentação que o corpo pode oferecer.

As aulas de Educação Física são as mais esperadas da semana pelos alunos. Quando eles nos encontram pelos corredores da escola, logo perguntam: "Professora, hoje tem a sua aula?"; e sequencialmente: "Vamos brincar do que hoje?". Nada nos alegra mais que ver os olhos brilhando e saber que nossas aulas fazem diferença na vida e no processo de desenvolvimento dos nossos estudantes, seja por meio dos exercícios, brincadeiras, jogos ou dança. Se não planejarmos as aulas de acordo com a particularidade de cada escola e turma, todo esse entusiasmo e euforia podem ser apagados em um piscar de olhos. Cada instituição de ensino tem a sua comunidade escolar e o regimento interno, fazendo com que cada âmbito escolar seja uma realidade e cultura diversa. Com as crianças isso não é diferente, cada uma tem sua maneira de se comportar na escola. Há as introvertidas, que são mais tímidas e observadoras, que geralmente gostam das atividades de raciocínio e destreza. Há também as extrovertidas, que são mais comunicativas e agitadas, geralmente gostam de brincadeiras ativas e jogos competitivos. E existem aquelas dispersas e mais afastadas dos colegas, que na maioria das vezes gostam de roda cantada e atividades individuais. Todas essas características às vezes podem ser inerentes, comportamentais e físicas. E não é fantástico saber que a Educação Física pode contribuir com a inclusão de todas essas crianças? A mobilização inclusiva nas aulas acontece desde os alunos que têm dificuldade em enfrentar novos desafios de aprendizagem até os que precisam de apoio especializado, como um acompanhante ou material adaptado. Essa interação é de extrema valia para todos. Se não tem empatia, não há brincadeira; se não tem cooperação, não há jogo; e se não tem respeito para com o próximo, não se tem nada. Não se trata somente de explorar as habilidades e capacidades motoras das crianças, mas sim prepará-las para a vida. De acordo com Andrea Ramal, "O objetivo da educação inclusiva não é tornar todas as crianças iguais, e sim respeitar e valorizar as diferenças."

Segundo Daniela Alonso, especialista em Educação Inclusiva: "A Educação Inclusiva significa educar todas as crianças em um mesmo contexto escolar." As diferenças não são vistas como problemas, mas como **diversidade**. É nessa variedade, e a partir da realidade social, que se pode ampliar e desenvolver oportunidades de convivência a todas as crianças, com ênfase nas competências, capacidades e potencialidades de cada uma, sendo um papel fundamental de socialização, aceitação e solidariedade entre os educandos, contribuindo de forma única para o enriquecimento do aprendizado de todos. O professor precisa conhecer seus alunos: para cada um há uma maneira especial de lidar, devendo-se criar estratégias, ferramentas e aulas que explorem sempre necessidades e potenciais de cada um, independentemente da faixa etária. Entretanto, se não tivermos uma rede de apoio (coordenação pedagógica, direção, família, comunidade escolar e profissionais especializados) tudo se torna mais difícil. Essas pessoas fazem total diferença nesse processo educacional. Essa relação é uma via de mão dupla e procede melhor quando todos trabalham engajados em um só objetivo: mobilização inclusiva para o desenvolvimento da criança.

Lidar com a mobilização inclusiva não é uma tarefa muito fácil! No entanto, temos de buscar métodos e estratégias para garantir uma aula significativa a todos. Pensando nisso, sempre que possível, incluo a prática da dança nessa jornada. Além de as atividades expressivas fazerem parte do conteúdo programático da disciplina de Educação Física, a dança é uma grande auxiliadora no processo de inclusão e desenvolvimento da criança, dentro e fora do âmbito escolar, criando oportunidades de interação pela liberdade e exploração dos movimentos. Com a dança, os alunos utilizam os movimentos naturais, variando seus gestos e dinâmicas, a fim de expressarem suas emoções e ideias, seja em uma simples roda cantada, ou até mesmo em algumas sequências coreográficas. Essas atividades de expressão corporal desenvolvidas individualmente, em dupla, ou em conjunto, são fundamentais para a consciência corporal, interpretação e personalidade de quem as pratica. O movimento, em paralelo à música, pode proporcionar momentos únicos e envolventes, nos quais todos juntos conseguem expressar seus sentimentos com criatividade, sem medo e vergonha de errar. Os eventos escolares são grandes contribuidores para essas experiências, desde os ensaios até o dia da apresentação, seja nos projetos internos, festa junina, festa de encerramento ou em qualquer outro momento em que o aluno se sinta bem e feliz.

Sabendo de toda essa relevância da disciplina, por que às vezes a Educação Física não é tão valorizada como deveria pelos governantes, gestores e pais? Infelizmente, são poucos os que verdadeiramente reconhecem os benefícios dessa prática e o quanto a interdisciplinaridade na educação pode agregar conquistas e valores nesse período de aprendizagem.

Poliana Ferreira | 195

São muitas indagações, obstáculos e detalhes que fazem toda a diferença no processo de construção da aula. Em meio a tantas dificuldades, muitas vezes adaptamos atividades, sala de aula e materiais para que possamos contemplar todos os alunos. Mesmo que não tenhamos um apoio da coordenação da escola, e nem da família, o planejamento tem de ser seguido para alcançar o objetivo proposto. O docente precisa buscar estratégias para desenvolver com excelência seu trabalho. Independentemente do cenário em que se encontra, precisa fazer acontecer! Se pensarmos somente nos desafios e barreiras das realidades diárias, podemos, no decorrer da situação, esmorecer. Afinal, nem tudo é um mar de rosas, não é mesmo? Quando acreditamos no que fazemos e no quão importante nosso desempenho é para a sociedade e, principalmente, para o desenvolvimento dos nossos alunos, tudo se torna mais fácil e percebemos que vale a pena. Conforme os PCN (Parâmetros Curriculares Nacionais): Educação Física, o professor deve buscar meios para garantir a vivência e prática da experiência corporal, incluindo o aluno na elaboração das propostas de ensino e aprendizagem, com base em sua realidade social e pessoal. Só assim, pode-se constituir um ambiente de aprendizagem significativa, que faça sentido ao educando.

Portanto, pudemos observar e refletir o quanto a Educação Física é benéfica para uma mobilização inclusiva e o quanto ela é indispensável para o desenvolvimento do aluno, em qualquer fase escolar. Por meio dos jogos, brincadeiras, esportes e danças, podemos proporcionar uma linguagem corporal vasta de manifestações artísticas e inclusivas, na qual todos podem se comunicar por meio do movimento. Realizar com êxito atividades com recursos lúdicos auxilia na socialização e na construção de um indivíduo melhor.

Referências

ALONSO, D. Os desafios da educação inclusiva: foco nas redes de apoio. *Nova Escola*, 2013. Disponível em: <https://novaescola.org.br/conteudo/554/os-desafios-da-educacao-inclusiva-foco-nas-redes-de-apoio>. Acesso em: 5 de set. de 2020.

BRASIL. Parâmetros Curriculares Nacionais: Educação Física – Secretaria de Educação Fundamental. Brasília: MEC/SEF, 1998. p. 46.

DIRETRIZES em Educação Física de Qualidade. A declaração de Berlim, de 2013. Conferência Mundial da Unesco de Ministros de Esportes. Unesco's World Sports Ministers Conference – MINEPS V. p. 6.

RAMAL, A. *Coleção pessoal de colocaoramal.* Pensador.com. Disponível em: <https://www.pensador.com/frase/MTg3MDkzMA/>. Acesso em: 09 de out. de 2020.

RODRIGUES, M. *Manual teórico-prático de educação física infantil.* 8. ed. Ícone, 2003.

23

DIREITO DOS AUTISTAS À EDUCAÇÃO INCLUSIVA

Neste capítulo, pais de pessoas com autismo irão conhecer alguns dos direitos educacionais relacionados às escolas públicas e particulares, como: aceitação da matrícula, formação inicial e continuada de professores em educação inclusiva e PEI (Plano de Ensino Individualizado).

ROMEU SÁ BARRÊTO

Romeu Sá Barrêto

Advogado graduado pela Universidade Católica do Salvador (2010); pós-graduando em Direito Constitucional pelo Complexo Educacional Damásio; membro da comissão de defesa dos direitos da pessoa com deficiência da OAB/BA; membro da comissão dos direitos da pessoa com autismo da OAB/DF; coautor de projetos de leis (PL 3768/2020 – PL 169/2020, entre outros) cujo objeto é a cobertura integral do tratamento terapêutico multidisciplinar dos autistas pelos planos de saúde sem limites de sessões terapêuticas anuais e redução de jornada de servidores públicos municipais que são pais de pessoas com deficiência. Pai de Maria Clara Macedo Sá Barrêto, menor autista de 6 (seis) anos de idade, sua maior inspiração.

Contatos
www.advogadodosautistas.com
contato@romeusabarreto.com.br
Instagram: @advogadodosautistas
Facebook: Advogado dos Autistas
YouTube: Advogado dos Autistas

Direitos educacionais das pessoas com Autismo

Tudo começa pelo período da pré-matrícula? Quantos pais de crianças autistas já foram "surpreendidos" com negativas diretas ou veladas de matrícula escolar? Vários. Sem falar naquela famosa frase: "lugar de aluno com deficiência é em escola especial".

A matrícula escolar em escolas regulares, a garantia do aprendizado e a efetividade dos direitos educacionais dos alunos com autismo perpassam pela formação inicial e continuada de professores em educação inclusiva e pelo plano de ensino individualizado bem elaborado, bem executado e focado no indivíduo.

Vislumbrando esclarecer todas as dúvidas sobre os direitos educacionais dos autistas, abordaremos neste capítulo os direitos já citados.

A matrícula em escolas regulares, a garantia do aprendizado e a efetividade dos direitos educacionais dos alunos com autismo

A partir do momento em que se começa a falar em "educação especial", é importante ressaltar que esse termo genérico pode ser utilizado para se referir a pelo menos três etapas históricas diferentes.

Primeiro, veio a fase de segregação, em que as pessoas com deficiência passaram a ter acesso à educação, mas permaneciam "invisíveis", pois eram direcionadas para escolas especializadas, substitutivas do sistema de ensino regular. Nessa época, ainda vigorava o "modelo clínico de deficiência, em que a condição física, sensorial ou intelectual da pessoa caracterizava-se como obstáculo à sua integração social, cabendo à pessoa com deficiência adaptar-se às condições existentes na sociedade".

Depois, surgiu o modelo de integração, que passou a aceitar alguns indivíduos nas escolas regulares, mas em classes especializadas. Ou seja, "os ambientes e as atitudes de toda a sociedade seguiam inalterados e apenas as pessoas com deficiência 'selecionadas' por especialistas de diferentes áreas podiam ser 'integradas' aos ambientes sociais comuns a todos". "O modelo da integração é baseado na busca pela 'normalização'. Nega-se a questão da diferença. A integração admite exceções, uma vez que é baseada em padrões, requisitos, condições."

Por fim, o paradigma contemporâneo determina a inclusão das pessoas com deficiência no sistema de educação assegurado a todos. Agora, "à sociedade cabe promover as condições de acessibilidade, a fim de possibilitar às pessoas com deficiência viverem de forma independente e participarem plenamente de todos os aspectos da vida."

Hoje em dia, a deficiência não é mais um problema a ser afastado, mas uma condição a ser acolhida:

> a condição de deficiência passou a ser compreendida como algo essencialmente oriundo do contexto social. A deficiência deixa, portanto, de ser um problema exclusivamente do sujeito e passa a ser uma questão de acessibilidade e de quebra de barreiras sociais preexistentes a esse sujeito e que precisam ser removidas.

No âmbito educacional, as escolas é que precisam se preparar para receber todos os indivíduos em suas turmas regulares:

> [...] a educação inclusiva é incondicional. Uma escola inclusiva é uma escola que inclui a todos, sem discriminação, e a cada um, com suas diferenças, independentemente de sexo, idade, religião, origem étnica, raça, deficiência. Uma escola inclusiva é aquela com oportunidades iguais para todos e estratégias diferentes para cada um, de modo que todos possam desenvolver seu potencial. Uma escola que reconhece a educação como um direito humano básico e como alicerce de uma sociedade mais justa e igualitária.

Exarado no âmbito do poder regulamentar do Poder Executivo federal, o Decreto nº 7.611/2011 ecoou de maneira geral a Convenção de Nova York, inclusive na "garantia de um sistema educacional inclusivo" e no direito à "não exclusão do sistema educacional geral" (art. 1º, I e III). Ademais, reafirmou que a educação especial deve ser transversal (art. 3º, II), atuando na escola como um todo e até fora dela, e que o atendimento educacional especializado deve atuar de forma "complementar ou suplementar" ao ensino regular (art. 4º).

A Convenção Internacional dos Direitos da Pessoa com Deficiência suplantou o modelo médico (clínico), cujas pessoas com deficiência eram tratadas como "pessoas doentes", trazendo o advento do modelo social, no qual Sociedade, Estado e, sobretudo, Escolas devem se adaptar aos alunos com deficiência e não o contrário.

É preciso sempre lembrar-se de duas coisas: autismo é uma condição, uma deficiência de neuroprocessamento sensorial (nos termos do art. 1º, § 2, da Lei 12.764/2012), que pode ou não estar acompanhada da deficiência intelectual; e que a Convenção de Nova York tem status de emenda constitucional, pois foi referendada pelo Congresso Nacional Brasileiro com o mesmo rito de aprovação das emendas constitucionais, nos termos do art. 5º, § 3º da Constituição Federal.

E qual tem sido a postura das escolas regulares públicas e particulares? Duas têm sido as posturas das escolas de ensino regular: (1) recusar as matrículas de alunos autistas, incorrendo na prática de crime previsto nos arts. 8º, I, da Lei 7.853/89 e Art. 7º da Lei 12.764/2012; ou (2) não recusar a matrícula, mas sem cumprir os direitos educacionais inclusivos previstos na Convenção Internacional dos Direitos da Pessoa com Deficiência, na Declaração de Salamanca e no Estatuto da Pessoa com Deficiência (Lei 13.146/2015). Resumindo, as escolas de ensino regular públicas e privadas não estão demonstrando interesse na adaptação aos alunos autistas (com deficiência).

O Art. 8º, I, da Lei 7.853/89, traz grande contribuição no combate à recusa de matrículas de alunos autistas, prelecionando que é crime punível com reclusão de 2 (dois) a 5 (cinco) anos e multa:

> I – recusar, cobrar valores adicionais, suspender, procrastinar, cancelar ou fazer cessar inscrição de aluno em estabelecimento de ensino de qualquer curso ou grau, público ou privado, em razão de sua deficiência;

O Art. 7º da Lei 12.764/2012 determina o limite da multa a ser aplicada nos casos de recusas de matrículas escolares: "O gestor escolar, ou autoridade competente, que recusar a matrícula de aluno com transtorno do espectro autista, ou qualquer outro tipo de deficiência, será punido com multa de 3 (três) a 20 (vinte) salários-mínimos."

A Lei de Diretrizes e Bases da Educação, no art. 58, ainda em 1996 já preconizava que o ensino regular inclusivo é a regra geral do Sistema Educacional Inclusivo Brasileiro, sendo o ensino especial parte integrante do ensino regular, com atendimento educacional especializado de forma complementar ou suplementar dentro ou fora da escola.

As escolas regulares de ensino inclusivo e seus respectivos gestores e equipes pedagógicas precisam entender que não basta não recusar a matrícula, é preciso garantir o aprendizado do aluno autista com a execução obrigatória de todos os direitos educacionais previstos no art. 28, I ao XVIII do Estatuto da Pessoa com Deficiência. Por um mandamento constitucional bem claro: "É a escola que deve se adaptar ao aluno com deficiência e não o contrário".

Formação inicial e continuada de professores em educação inclusiva

A Lei de Diretrizes e Bases da Educação, mesmo no ano de 1996, já prelecionava sobre formação inicial e continuada de professores em educação inclusiva. Vejamos:

> Art. 59. Os sistemas de ensino assegurarão aos educandos com deficiência, transtornos globais do desenvolvimento e altas habilidades ou superdotação:
> III – professores com especialização adequada em nível médio ou superior, para atendimento especializado, bem como professores do ensino regular capacitados para a integração desses educandos nas classes comuns;

Porém, o Estado Brasileiro e as Escolas particulares de ensino regular inclusivo negligenciam a determinação do art. 59, III, da Carta Magna da Educação Nacional e não promovem a formação inicial e continuada de professores em educação inclusiva. Somente 6% dos professores brasileiros apresentam algum tipo de curso em educação inclusiva e quando o fazem, é por iniciativa própria, sem nenhum tipo de incentivo do Poder Público ou das instituições privadas de ensino.

É possível vislumbrar um sistema educacional inclusivo sem professores treinados e formados sob o lastro de um programa permanente de formação continuada em educação inclusiva? Claro que não, sendo 6% o percentual da exclusão.

O Governo brasileiro e as escolas particulares não investem em programas de formação inicial e continuada de professores em educação inclusiva, para o total prejuízo da inclusão dos alunos autistas.

PEI (Plano de Ensino Individualizado)

O PDI (Plano de Desenvolvimento Individualizado) ou PEI (Plano de Ensino Individualizado) é o documento, que bem estruturado e bem executado, irá fomentar a inclusão do aluno com autismo. Cada aluno autista apresenta demandas educacionais e particularidades específicas, por isso o Plano de Ensino deve ser elaborado e executado de forma focada em cada aluno autista, em cada indivíduo.

O PEI pode contribuir para o progresso educacional de uma criança ou adolescente com o transtorno do espectro do autismo. Com o PEI, é possível criar um plano que ajude a pessoa com TEA a se desenvolver de várias maneiras – tanto as questões acadêmicas quanto as sociais e as comportamentais. Um PEI apropriado a uma criança com autismo pode não dar certo para outra.

Dessa forma, a criança aprenderá novas habilidades que serão úteis no dia a dia e para sua formação acadêmica, como adição ou subtração. Também desenvolverá habilidades como interagir com os colegas durante as atividades em grupo. E poderá adquirir novos mecanismos de defesa, como saber pedir ajuda e ter comportamentos considerados socialmente aceitáveis (deixar de gritar ou ser menos agressivo, por exemplo). E a criança também aprende a trabalhar suas habilidades motoras, como a escrita.

Com o tempo, e dependendo do grau de autismo, algumas crianças podem assumir maior responsabilidade e participar mais ativamente no seu plano de ensino e contribuir ao atingimento de seu potencial educacional. Os pais devem participar ativamente da educação de seus filhos com TEA e dizer quais são suas principais preocupações sobre sua educação, os pontos fortes, necessidades e interesses da criança e deixar claro o que não funcionou até agora. É importante que a criança receba educação apropriada e se beneficie dela para a vida toda.

É triste relatar isso, mas a extrema maioria das escolas públicas e particulares não elabora o PEI ou PDI, ou seja, muitas equipes pedagógicas não sabem nem elaborá-lo. E por que não o sabem? Porque nem os professores nem a equipe pedagógica participam de programas permanentes de formação inicial e continuada em educação inclusiva.

Muitas escolas regulares inclusivas, sobretudo particulares e suas equipes pedagógicas, só conseguem elaborar e executar um bom PEI ou PDI com o apoio de empresas de consultoria e assessoria psicopedagógica em educação inclusiva. Isso quando a instituição de ensino privada se predispõe a se adaptar ao aluno autista (com deficiência), levando as adaptações curriculares a sério, um dos itens importantes que compõe o PEI ou PDI.

Grandioso abraço no coração. Que Deus abençoe vossas famílias.

Referências

SAMPAIO, Paulo Gustavo. Inconstitucionalidade do Decreto n. 10.502/2020 frente à Convenção Internacional de Nova York sobre os Direitos das Pessoas com Deficiência. Jus.com.br, 2020. Disponível em: <https://jus.com.br/artigos/85803/educacao-inclusiva-como-direito-de-todos/>. Acesso em: 30 de out. de 2020.

RUSSO, Fabiele. Plano de Ensino Individualizado (PEI): saiba a importância. *Neuroconecta*, 2019. Disponível em: <https://neuroconecta.com.br/plano-de-ensino-individualizado-pei-saiba-a-importancia/>. Acesso em: 30 de out. de 2020.

BRASIL. Lei n. 12.764/2012. Disponível em: <http://www.planalto.gov.br/ccivil_03/_ato2011-2014/2012/lei/l12764.htm/>. Acesso em: 30 de out. de 2020.

BRASIL. Constituição Federal de 1988. Disponível em: <http://www.planalto.gov.br/ccivil_03/constituicao/constituicao.htm/>. Acesso em: 30 de out. de 2020.

BRASIL. Lei n. 13.146/2015. Disponível em: <http://www.planalto.gov.br/ccivil_03/_ato2015-2018/2015/lei/l13146.htm>. Acesso em: 30 de out. de 2020.

24

A INCLUSÃO NO PROCESSO DE ESCOLARIZAÇÃO SOB A PERSPECTIVA DA EDUCOMUNICAÇÃO

O diálogo entre a comunicação e a educação foi essencial para a continuidade do ensino e da aprendizagem durante a pandemia de Covid-19, período em que este processo passou a ser mediado pelas tecnologias. Este capítulo apresenta possibilidades encontradas nessa interface para manter a conexão com os estudantes, respeitando suas diferenças, realidades e vulnerabilidades, com o propósito de promover uma educação inclusiva.

SUÉLLER COSTA

Suéller Costa

Jornalista, professora, educomunicadora e pesquisadora. Mestre em Ciências da Comunicação, na Linha de Pesquisa "Comunicação e Educação", pelo Programa de Pós-Graduação em Ciências da Comunicação da Escola de Comunicações e Artes (ECA), da Universidade de São Paulo (USP). Bacharel em Jornalismo e licenciada em Letras (Português e Inglês) e Pedagogia. Especialista em Estudos da Linguagem pela Universidade de Mogi das Cruzes (UMC), em Educomunicação - Educação, Comunicação e Mídias pela ECA/USP, Tecnologias na Aprendizagem pelo Senac-SP. Atua como assessora em comunicação, gestora em projetos educomunicativos, professora na Educação Básica e pesquisadora na interface Comunicação e Educação. Membro dos grupos de pesquisa Mediações Educomunicativas (Mecom), da ECA/USP; Polifonia, do DCH/UNEB; e Comunicação e Educação, do Intercom (Sociedade Brasileira de Estudos Interdisciplinares da Comunicação). Sócia da Associação Brasileira de Pesquisadores e Profissionais em Educomunicação (ABPEducom). Idealizadora do Educom Alto Tietê.

Contatos
www.educomaltotiete.com.br
sueller.costa@gmail.com
Facebook: @suellercosta
Instagram: @suellercosta
LinkedIn: @suellercosta
Lattes: http://lattes.cnpq.br/4844067067294814

Aeducação muda as pessoas, estas, por sua vez, podem transformar o mundo à sua volta. Por acreditar, assim como o filósofo Paulo Freire, nesse potencial emancipador, os campos educativos e comunicativos norteiam minhas trilhas profissionais, enquanto a Educomunicação conduz os ideais que venho semeando nas respectivas áreas de atuação. Sendo esse, portanto, o segmento escolhido para compartilhar aos leitores experiências realizadas na Educação Básica durante o período em que o ensino passou a ser mediado pelas tecnologias, em virtude da pandemia provocada pela Covid-19. Um dos momentos mais desafiadores para um campo que preza pela inclusão, o acolhimento, a atenção, o afeto e o acompanhamento de todos que perpassam os bancos escolares, em especial, nos ciclos Infantil, Fundamental e Médio – faixa à qual concentro os estudos –, pois são crianças, adolescentes e jovens em busca de sentidos para aprender, motivos para estudar e o desejo de crescer e vencer.

A escola é um ambiente que incentiva, arquiteta e alavanca sonhos. Por esses motivos, enquanto educadores, temos a responsabilidade de apontar os caminhos para que os educandos possam realizá-los e, no futuro, prosperar em suas áreas de atuação. No entanto, ninguém imaginava que esses degraus seriam interrompidos por uns, desacelerados por outros e continuados por poucos. O cenário marcado por uma crise sanitária em âmbito mundial nos desafiou a buscar alternativas a fim de não destruir a esperança daqueles que são o futuro de uma nação.

A disseminação do novo coronavírus começou em janeiro de 2020, e, em pouco tempo, a doença se alastrou por outros países, chegando ao Brasil em março daquele ano. A gravidade foi oficializada quando a Organização Mundial da Saúde (OMS) decretou uma pandemia e, para conter o contágio, medidas emergenciais tiveram de ser tomadas, dentre elas o isolamento social, que levou toda a população a se manter em casa, seguindo as orientações preventivas.

Todos os setores foram afetados, em especial, a educação, com o fechamento das escolas de todos os ciclos e redes de ensino. Com isto, a comunidade escolar – formada por gestores, professores, alunos e familiares – teve de rever suas metodologias. Os educadores foram desafiados a dar continuidade ao processo de ensino e aprendizagem em outro ambiente, o virtual. A tecnologia ganhou espaço e mostrou que ela seria a alternativa para manter as relações, fortalecer os vínculos e transmitir os conhecimentos aos educandos. Implantava-se o ensino remoto emergencial. Professores buscaram novos conhecimentos, inovaram suas estratégias e se desdobraram para manter a conexão com suas turmas.

Desafios para diminuir a evasão escolar

Apesar dos esforços no âmbito cognitivo, tanto por alunos quanto professores, outro desafio era ainda maior: como garantir a inclusão dos estudantes nesse novo modelo de ensino? Falta de suportes tecnológicos, dispositivos comunicativos, espaços adequados para os estudos, e, principalmente, conectividade fazem parte da realidade de muitos jovens. Ainda são poucos os que têm um plano de internet.

A pandemia escancarou as desigualdades sociais, e, no âmbito educativo, muitos foram impactados. Na Educação Básica, que reúne, da creche ao Ensino Médio, em média, 47 milhões de estudantes, matriculados em 180 mil unidades escolares das redes pública e privada do país, segundo o Censo Escolar 2019 – realizado pelo Inep –, acredita-se que nem a metade desses alunos teve acesso à dinâmica virtual de ensino. Serão anos para recuperar os déficits educativos, ampliados ao longo deste período em que a educação não foi democrática, conforme prescrevem os parâmetros educacionais, dentre eles a Base Nacional Curricular Comum (BNCC) (2018).

Quando falamos de uma educação inclusiva, vêm à mente os alunos que apresentam deficiências físicas ou motoras, altas habilidades, déficits cognitivos, autismos e transtornos de aprendizagem. Pensa-se nos alunos com Necessidades Educacionais Especiais (NEE), que, além de ingressarem no ensino regular, recebem outros atendimentos na área da saúde para auxiliar na sua formação educacional e integração na sociedade. Mas a inclusão no âmbito educativo vai além deste grupo, que, aliás, foi um dos mais prejudicados no período pandêmico.

A educação inclusiva é aquela que se torna acessível a todos, respeitando suas diferenças, particularidades e especificidades no âmbito cognitivo, e suas vulnerabilidades no aspecto social. Significa olhar para cada criança além dos conteúdos programáticos que a ela devem ser transmitidos, mas, também, em suas condições, dentre elas as emocionais, para resgatar o desejo pelo aprender, independentemente dos contextos nos quais está inserida.

Ser inclusivo é ir além do que propõe os documentos oficiais, como cita o artigo 205, do Capítulo 3, da Constituição Federal: "A educação, direito de todos e dever do Estado e da família, será promovida e incentivada com a colaboração da sociedade, visando ao pleno desenvolvimento da pessoa, seu preparo para o exercício da cidadania e sua qualificação para o trabalho".

Direito esse que, durante o ensino remoto emergencial, não foi garantido, em vista das diferentes realidades nas regiões brasileiras. Por outro lado, tal como descreve o documento, pode-se dizer que esta tríade se tornou mais forte, porque a união entre a comunidade escolar (gestores, professores, alunos e autoridades) e as respectivas famílias, além do compromisso de cada Estado com as suas redes de ensino, permitiu a continuidade das ações pedagógicas entre aqueles que tiveram condições de acompanhá-las.

Este cenário se estendeu em 2021. O ciclo escolar foi retomado, e, logo, todos voltaram ao confinamento social, o que nos levou a repensar nossas práticas, e, desta vez, com uma missão ainda maior, a de reconsiderar as condições de acesso do alunado, personalizando as estratégias conforme seu grau de dificuldade e mantendo o contato conforme os canais de comunicação favoráveis à sua realidade. Pensando, inclusive, nos caminhos para diminuir os empecilhos que amplificam a exclusão digital, e, por sua vez, educativa, tendo em vista que a educação pós-pandemia não será mais a mesma, e as tecnologias, ao conquistarem seu espaço neste universo, tenderão a se tornar cada vez mais preponderantes no aprender e no ensinar.

Ao vivenciar, como professora, diferentes realidades no cenário educativo, neste capítulo destaco uma das abordagens que podem ser vistas como uma possibilidade de inclusão no processo de escolarização. Discorro sobre a Educomunicação, que vem norteando as minhas práticas junto aos estudantes da Educação Básica. Trata-se de um campo que merece destaque, uma vez que a união entre a comunicação e a educação foi essencial para a continuidade das atividades educativas em meio à pandemia, porém, essa interface aponta um diferencial: preocupa-se com o uso dos recursos midiáticos e tecnológicos com uma perspectiva acolhedora, inclusiva, colaborativa, participativa e emancipadora. Busca a construção de ecossistemas comunicativos, pautados em valores humanos e sociais, para conduzir a conectividade com os alunos, respeitando suas diferenças, realidades e fragilidades.

Soares (2011) define ecossistema comunicativo como o local de construção de relações dialógicas, onde os agentes sociais possam criar, colaborativamente, condições ideais para que a Educomunicação se estabeleça nas práticas educativas. Professores e alunos atuam em parceria, em busca de uma relação horizontal, colaborativa e participativa, a fim de incentivar a expressão comunicativa dos educandos, ampliando suas visões de mundo e o seu compromisso com a sociedade.

Para a consolidação desses ecossistemas, é preciso propor estratégias que contribuam para uma comunicação mais efetiva dentro do ambiente escolar, e o educomunicador tem papel preponderante neste processo. Ele é aquele que fomenta ambientes comunicativos pautados na dialogicidade, organizados, inclusive, por meio das tecnologias, que dão voz aos educandos. Isto porque a Educomunicação almeja uma educação voltada à transformação por meio de intervenções sociais, motivadas com a consolidação da consciência crítica, o espírito participativo e a responsabilidade social, com a formação de um aluno voltado à promoção da cidadania.

Estratégias inclusivas sob o viés educomunicativo

A Educomunicação ocorre em espaços onde a partilha dos saberes é motivada. No caso do ensino formal, ao ter o currículo como norteador da base teórica, e a interface como inspiradora das vivências práticas, os conteúdos podem ser propagados por meio de projetos transversais e intermediados pelas diferentes linguagens, que sigam, ao longo do processo, um viés educativo. A produção midiática, com a criação de canais que amplifiquem os fluxos comunicativos, está entre as alternativas elencadas e podem contemplar estudantes em seus diferentes níveis de aprendizagem e condições de acessibilidade.

Durante o ensino remoto emergencial, o WhatsApp foi o recurso mais inclusivo, o que possibilitou um maior alcance aos alunos, em especial, os mais carentes. Por meio da plataforma, é possível encaminhar atividades por textos, áudios e imagens, além de realizar videochamadas para manter um contato direto com o educando. Para aqueles com melhores condições de acesso, outras plataformas ganharam destaque, além de recursos que possibilitam atividades educativas diferenciadas em busca do engajamento das turmas. Produção de jogos, vídeos, fotografias, videoaulas, dentre outros, vem sendo integrada às aulas síncronas e assíncronas, em busca de novas formas de ensinar e aprender, em entendimento à educação contemporânea.

Conforme observado, a Educomunicação incentiva o trabalho com as linguagens da comunicação, dentre elas a escrita, visual, artística, corporal, imagética, auditiva, digital. A escolha deve levar em consideração as variadas realidades, a fim de atender ao perfil dos alunados envolvidos. Dentre as propostas, estimula a criação de jornais, rádios, blogs, redes sociais, web tevês com o viés pedagógico - por parte do professor - e educativo, com relação aos alunos. Instiga a expressividade, o protagonismo juvenil, a participação para a compreensão de uma leitura crítica do mundo, dos processos formativos da informação, das responsabilidades e de seu poder de transformação.

Em tempos pandêmicos, a perspectiva educomunicativa inspirou a criação de *podcasts* educacionais, e muitos passaram a transmitir, por áudio, as tarefas da semana, orientações sobre os estudos e trabalhos de alunos. Incentivou professores a criarem canais no Youtube, que, inicialmente, viam o recurso como fonte de pesquisa, e, agora, tornaram-se produtores, com vídeos autorais para engajar suas turmas. Crianças e adolescentes também se revelaram no circuito digital, com a criação de canais informativos, como web tevês, *podcasts*, produções audiovisuais, campanhas de mobilização sobre a pandemia, com orientações preventivas e dicas para superar as dificuldades. Aplicativos auxiliaram na produção de trabalhos diferenciados, como apresentações culturais entre os estudantes; o jornal escolar ganhou pautas variadas, tendo os conteúdos da aula como norteadores, e as turmas como responsáveis em articulá-los.

Blogs hospedaram orientações sobre o cotidiano escolar, armazenando os assuntos de diversas matérias de forma interativa. As redes sociais ganharam um potencial educativo. Sem contar os outros gêneros digitais contemporâneos, como memes, gifs, vlogs, histórias em quadrinhos, utilizados com diferentes intencionalidades educativas, como forma de compartilhar mensagens de motivação à comunidade escolar.

Os exemplos supracitados são algumas das práticas educomunicativas que visam à expressão em variadas linguagens como forma de promover a interação e o engajamento, mas, acima de tudo, o diálogo entre os pares, o respeito uns aos outros, o acolhimento, a integração de forma colaborativa. Cada meio é escolhido conforme a acessibilidade das turmas, os perfis dos grupos e as especificidades dos participantes, respeitando as limitações, as diferenças e perfis de cada um.

A Educomunicação atua em diferentes áreas de intervenção, e é possível articulá-la em trabalhos desenvolvidos em todos os componentes curriculares. Segundo Soares (2011), este campo possibilita trocas de conhecimentos, afetos e experiências que garantem os fluxos educomunicativos, melhorando, por sua vez, o ecossistema comunicativo.

As produções são organizadas pelos educadores, porém, contam com a colaboração dos alunos, que, ao se verem responsáveis em informar, por meio de textos escritos, imagéticos ou audiovisuais, engajam-se nas pesquisas, na compreensão dos assuntos, na aquisição dos conhecimentos, na preocupação em ser entendido e na responsabilidade em compartilhar, além da solidariedade em poder ajudar.

São estratégias realizadas dentro da interface comunicação e educação, que, no momento pandêmico, ganharam espaço, mostrando o poder de transformação de crianças e adolescentes. Iniciativas criadas a fim de estender o aprendizado, inserindo os alunos no processo de escolarização, a fim de diminuir a evasão escolar. Afinal, a inclusão vai além do atendimento especial a alunos com transtornos e déficits de aprendizagem, ela se estende ao acolhimento dos educandos de diferentes faixas etárias, camadas sociais e níveis de conhecimento.

É necessário incentivar novas formas de relacionamento com o mundo por meio de práticas educomunicativas, orientando no uso consciente, construtivo, e, acima de tudo, educativo das mídias, tecnologias e dos recursos que o ambiente digital oferece. A habilidade mecânica e técnica das crianças e dos jovens ao manusear os dispositivos não é suficiente, eles têm de compreender os processos, as interações e as mediações com os eletrônicos, os quais ganharam uma nova dimensão no contexto atual, com o aumento dos usos destes meios, e, por sua vez, do contato com as diferentes telas.

Precisam, acima de tudo, ser orientados quanto aos potenciais educativos que as tecnologias oferecem, afinal o ambiente digital oportuniza novas aprendizagens, e o professor é aquele que guiará os educandos rumo à sua formação integral, que envolve os aspectos cognitivos, pessoais, emocionais, sociais, culturais e, agora, digitais.

Referências

BRASIL. *Base Nacional Comum Curricular* (BNCC). Brasília: MEC/Secretaria de Educação Básica, 2017.

BRASIL. Constituição (1988). *Constituição da República Federativa do Brasil*. Brasília, DF: Senado Federal – Centro Gráfico, 1988.

BRASIL. Instituto Nacional de Estudos e Pesquisas Educacionais Anísio Teixeira (Inep). *Censo da Educação Básica 2019: Resumo Técnico*. Brasília, 2020.

FREIRE, Paulo. *Extensão ou comunicação.* 7 ed. Rio de Janeiro: Paz e Terra, 1983.

SOARES, Ismar de Oliveira. *Educomunicação: o conceito, o profissional, a aplicação.* São Paulo: Paulinas, 2011.